ALFABE-TIZAÇÃO:
por onde começar

CARO(A) LEITOR(A),

Queremos saber sua opinião sobre nossos livros.

Após a leitura, siga-nos no **linkedin.com/company/editora-gente**, no TikTok **@editoragente** e no Instagram **@editoragente** e visite-nos no site **www.editoragente.com.br**.

Cadastre-se e contribua com sugestões, críticas ou elogios.

LUCIANA BRITES

ALFABE-TIZAÇÃO:
por onde começar

UM PROGRAMA NEUROCIENTÍFICO EFICIENTE
PARA ENSINAR A LER DE VERDADE

Diretora
Rosely Boschini

Gerente Editorial Sênior
Rosângela Araujo Pinheiro Barbosa

Editora Júnior
Natália Domene Alcaide

Assistente Editorial
Fernanda Costa

Produção Gráfica
Fábio Esteves

Preparação
Vero Verbo Serv. Editoriais

Capa, projeto gráfico e diagramação
Miriam Lerner | Equatorium Design

Revisão
Alanne Maria
Wélida Muniz

Impressão
Gráfica Bartira

Copyright © 2023 by Luciana Brites
Todos os direitos desta edição
são reservados à Editora Gente.
Rua Natingui, 379 – Vila Madalena
São Paulo, SP – CEP 05435-000
Telefone: (11) 3670-2500
Site: www.editoragente.com.br
E-mail: gente@editoragente.com.br

DADOS INTERNACIONAIS DE CATALOGAÇÃO NA PUBLICAÇÃO (CIP)
ANGÉLICA ILACQUA CRB-8/7057

Brites, Luciana
Alfabetização : por onde começar : um programa neurocientífico eficiente para ensinar a ler de verdade / Luciana Brites. - São Paulo: Editora Gente, 2023.
160 p.

ISBN 978-65-5544-315-8

1. Alfabetização 2. Prática de ensino I. Título

23-4226   CDD: 372.4

Índices para catálogo sistemático:
1. Alfabetização

Nota da publisher

Nossa sociedade enfrenta atualmente um desafio importante no que diz respeito à alfabetização infantil. Com as constantes mudanças nos métodos de ensino, a crescente diversidade de abordagens pedagógicas e o acesso ilimitado à tecnologia, pais e educadores estão se deparando com um cenário desafiador do qual nascem muitas dúvidas e incertezas.

Nesse contexto, *Alfabetização: por onde começar* foi cuidadosamente elaborado para auxiliar aqueles que estão envolvidos na importante tarefa de ensinar as crianças a ler e escrever. Em seu quinto livro, Lu nos apresenta a ciência por trás da leitura, em uma abordagem muito didática e permeada por seus anos de pesquisa e experiência prática na área.

Nesta leitura, você vai encontrar uma nova perspectiva para a alfabetização, considerando o perfil único de cada criança. À frente da Editora Gente, entendo o enorme impacto que a leitura tem na vida de todos nós, e, como mãe e avó, percebo que tudo começa na educação infantil, tudo começa com a alfabetização. Por isso, é com muito orgulho que apresento este projeto tão inspirador. E que esse seja o primeiro passo para a formação dos nossos futuros leitores.

Boa leitura!

ROSELY BOSCHINI
CEO e Publisher da Editora Gente

Dedico este livro ao meu companheiro, marido, amigo, professor e pai dos meus filhos, que sempre me ajudou, ensinou, apoiou e motivou nestes trinta anos que estivemos juntos. Clay Brites, este livro é resultado de nossa parceria! Muito obrigada por tudo. Descanse em paz.

Agradecimentos

Falar sobre alfabetização sempre me encantou, talvez porque seja a porta de entrada para o mundo do conhecimento, e sei a importância que este conhecimento pode trazer para a mudança de uma vida.

Vim de uma família humilde, nascida na zona leste de São Paulo, caçula de três irmãos, meus pais sempre valorizaram muito a educação como degrau para alcançar uma vida melhor. Quem aqui nunca ouviu aquela fala: "Não posso te dar dinheiro, meu filho, mas posso te proporcionar estudo"? Assim foi minha vida, com muito esforço, em escola pública até para o meu curso superior.

Mas isso só foi possível porque eu fui alfabetizada – um direito de todas as pessoas, e um dever do estado. Uma pessoa que não sabe ler e escrever foi privada do seu direito mais básico, o conhecimento, ter direito e acesso à informação.

Com índices tão ruins sobre alfabetização, e que vimos piorar ainda mais depois da pandemia de Covid-19, busco neste livro, mais do que discussões teóricas ou polêmicas, agregar conhecimentos neurocientíficos utilizados por países desenvolvidos a fim de sairmos deste estado deplorável em que se encontram as nossas crianças – que serão adolescentes e adultos participantes da nossa sociedade.

Gosto muito de citar o caso de Frederick Douglass, um dos maiores ativistas pelos direitos civis da história americana. Sua casa, em Washington, nos Estados Unidos, é visitada como ponto turístico, e ele teve importância em várias causas, principalmente acerca da luta contra a escravidão estadunidense. Por toda sua luta, Douglass é reconhecido como "o pai do movimento pelos direitos civis". Ele nasceu escravo, foi doado, com 8 anos, a uma família, e alfabetizado pela esposa do seu dono que, muito comovida pela condição do menino, resolveu ensiná-lo a ler e a escrever juntamente com seu filho. Para coroar esta história tão significativa, é dele a seguinte frase: "Uma vez que você aprende a ler, você será livre para sempre".

Que este livro possa ajudar a resgatar a liberdade de crianças, adolescentes e adultos. Liberdade para aprender, liberdade para conhecer, liberdade para pensar e liberdade para exercer a sua cidadania. Que Deus os abençoe.

SUMÁRIO

APRESENTAÇÃO, 13

INTRODUÇÃO: Por onde começar a alfabetização, 15

1. A alfabetização deixa marcas, 21

2. Os desafios da alfabetização no Brasil, 33

3. Novos desafios, novos rumos, 47

4. Aprender a ler, ler para aprender, 63

5. Um olhar neurocientífico sobre a alfabetização, 75

6. Um olhar desenvolvimental sobre a alfabetização, 89

7. Um olhar mediador sobre a alfabetização, 107

8. As principais dúvidas dos pais sobre alfabetização, 123

9. Por uma alfabetização de resultados, 135

10. Alfabetizar para transformar, 147

Apresentação

Quando pensamos em alfabetização, é inevitável não relacionar o desenvolvimento dessa habilidade à importância que a leitura e a escrita têm em nossa sociedade. A capacidade de compreender e se expressar por meio da linguagem escrita é fundamental para o desenvolvimento pessoal e acadêmico de qualquer indivíduo, sendo também considerada uma importante propulsora do desenvolvimento cognitivo. É com essa premissa que inicio a apresentação do livro *Alfabetização: por onde começar*, dada a relevância do tema e seu impacto social.

O livro traz conhecimentos embasados em evidência científica, apresentando resultados de pesquisas em uma linguagem acessível, não perdendo, por essa característica, a seriedade e rigor com que o tema é tratado. Isso mostra que o conteúdo abordado foi cuidadosamente selecionado, mas que também houve uma preocupação especial em tornar este conhecimento acessível a diferentes públicos.

A clareza de ideias e a proximidade que a autora cria servem como um convite para um diálogo com o leitor e, ao convocar profissionais da educação, famílias e outros interessados para essa conversa, deixa explícito que a alfabetização não é responsabilidade exclusiva da escola, mas requer o envolvimento de educadores, familiares e toda a sociedade em prol da efetivação de ações que incentivem a leitura e a escrita desde cedo, construindo, assim, bases sólidas para o desenvolvimento e aprendizado dessas habilidades.

Assim, o livro aborda de maneira abrangente as melhores práticas e estratégias para promover a alfabetização eficaz, considerando estudos e pesquisas de especialistas na área e fornecendo ao leitor um conjunto de estratégias que o permitirão contribuir ativamente para o processo de aprendizagem da leitura e escrita, estimulando as habilidades fundamentais para a alfabetização.

Ao longo dos capítulos, o leitor encontrará informações relevantes sobre as pesquisas em alfabetização, bem como dicas para selecionar recursos adequados e acompanhar a criança nesse processo. Além disso, o livro apresenta estratégias para estimular habilidades preditoras, desenvolver a leitura e a compreensão, consolidando as habilidades necessárias à criação de leitores competentes.

Em suma, a alfabetização é um processo contínuo que deve ser valorizado e promovido por toda a sociedade e, tendo isso em vista, o livro *Alfabetização: por onde começar* surge como uma ferramenta valiosa nessa empreitada, oferecendo um guia prático e acessível para famílias, educadores e demais interessados em contribuir com essa importante etapa da formação humana.

Diante desse contexto, fica o convite para que você, leitor, adentre nessa jornada de conhecimento, aprendendo diferentes formas de apoiar a alfabetização desde seus primeiros passos. Tenha a certeza de que você está embarcando em uma experiência enriquecedora e fundamental para a formação de novos leitores.

ROSELAINE PONTES E ALMEIDA
Professora e Psicopedagoga

Introdução

Por onde começar a alfabetização?

Essa é uma das perguntas que mais ouço sobre o assunto, seja de pais, seja de educadores. Não existe uma resposta simples para algo tão complexo e que depende de inúmeras variáveis cognitivas, sociais e ambientais. Mas, em primeiro lugar, ressalto que qualquer pessoa interessada em alfabetização deve entender seu conceito. Alfabetizar significa ensinar a ler e a escrever de acordo com um sistema alfabético.[1] Em outros termos, pode ser definido como capacitar um aluno, filho ou paciente para que ele consiga entender a correlação entre letra e som a fim de formar sílabas, palavras, frases e textos.

A história do alfabeto reafirma um pouco isso. No princípio, a comunicação escrita era feita por meio de pictogramas, como os hieróglifos egípcios de 4 mil anos atrás.[2] Isso começou a mudar por volta de 1400 a.C. a 1000 a.C., quando os fenícios inventaram um alfabeto

---

1. MORAIS, J. **Alfabetizar para a democracia**. Porto Alegre: Penso, 2014.

2. CAGLIARI, L. C. **A história do alfabeto**. São Paulo: Paulistana, 2009.

em que os símbolos (ou seja, as letras) representavam os sons da fala. Esse modelo, também chamado de fonetismo, é ainda hoje a base do sistema alfabético. Não por acaso as pesquisas mostram que as abordagens fônicas (que preconizam a correspondência entre sons e letras) são mais eficientes para alfabetizar crianças e adultos.[3]

Guarde bem essas informações, porque elas são importantes para você participar da reflexão proposta por este livro, que envolve desde as adaptações estruturais que o cérebro sofre para aprender a leitura e a escrita às metodologias e abordagens alfabetizadoras comprovadas pela ciência. Mas não se preocupe, vamos esmiuçá-las no capítulo 4.

Resolvi adiantar o assunto, entretanto, para destacar outro ponto fundamental sobre a alfabetização: ler e escrever não é algo natural. Vou repetir isso quantas vezes for necessário ao longo do livro. *O que você quer dizer com isso, Luciana?* Ao contrário de outras habilidades que desenvolvemos nos primeiros anos de vida, como andar e falar, nosso cérebro não foi geneticamente programado para ler.[4] O alfabeto é uma invenção da humanidade, afinal.

Daí a necessidade de entender e trabalhar a alfabetização de maneira estruturada, com início, meio e fim. Em linhas gerais, isso significa que não basta expor uma criança a letras e textos variados para que ela aprenda a ler, como preconizavam teorias antigas que ainda encontram força entre alguns educadores no país. Vou dar um exemplo: quando a gente pede para uma criança de 3 anos buscar algo no quarto, a informação tem de ser direta: "Pegue a boneca que está sobre a caixa de brinquedos". Se incluirmos muitos detalhes ("Pegue a boneca de cabelo escuro que está na segunda gaveta da cômoda"), as

---

3. RAYNER, K. *et al.* How Psychological Science Informs the Teaching of Reading. **Psychological Science In The Public Interest**, Washington, DC, v. 2, n. 2, p. 31-74, 2001.

4. DEHAENE, S. **Os neurônios da leitura, como a ciência explica nossa capacidade de ler**. Porto Alegre: Penso, 2012.

"Não basta expor uma criança a letras e textos variados para que ela aprenda a ler, como preconizavam teorias antigas que ainda encontram força entre alguns educadores do país."

@lubritesoficial

chances de ela esquecer são grandes. Da mesma forma, ao priorizar a instrução direta e sistemática, facilitamos o aprendizado.

Do ponto de vista cognitivo e desenvolvimental, o ensino deve começar antes mesmo de a criança ser capaz de utilizar um lápis, por meio de estímulos, como leitura, músicas e jogos. Essas atividades ajudam no desenvolvimento das chamadas habilidades precursoras (compreensão oral, vocabulário, consciência fonológica, entre outras) e criam a base para o sucesso da alfabetização lá na frente, tal qual o alicerce de uma casa. Falaremos mais delas ao longo do livro.

Nada de pressionar a criança a ler e escrever antes da hora, combinado? Assim como acontece com a aquisição de outras competências, a ciência comprova que existe um tempo mais propício para o cérebro aprender a ler.[5] Nesse caso, entre 5 e 8 anos – período que coincide com os primeiros anos do Ensino Fundamental no Brasil.

A ciência cognitiva da leitura

Apesar da relevância, tanto para o indivíduo quanto para a sociedade, a alfabetização continua a ser um dos grandes desafios da educação no Brasil. Em 2019, 48 a cada 100 crianças de 10 anos não conseguiam ler e compreender um texto simples.[6] O número é inferior à média global registrada em países de baixa renda (53 a cada 100 crianças). Existem diversas causas por trás desse problema, que aliás não é novo.

---

5. MYERS, C. A. *et al*. White Matter Morphometric Changes Uniquely Predict Children's Reading Acquisition. **Psychological Science**, Washington, DC, v. 25, n. 10, p. 1870–1883, 2014. Disponível em: https://journals.sagepub.com/doi/10.1177/0956797614544511. Acesso em: 26 jul. 2023.

6. ACOSTA, P. A ciência da leitura por trás do processo de alfabetização. **Folha de S.Paulo**, 22 ago. 2022. Disponível em: https://www1.folha.uol.com.br/colunas/pablo-acosta/2022/08/a-ciencia-da-leitura-por-tras-do-processo-de-alfabetizacao.shtml. Acesso em: 26 jul. 2023.

Dedico um dos capítulos iniciais para ressaltar as principais causas: a formação defasada dos professores; a desigualdade nos investimentos em educação; o receio de aplicar concepções alfabetizadoras mais modernas e eficazes do ponto de vista cerebral e alfabético; e a necessidade de políticas públicas educacionais embasadas em evidências científicas que abranjam todo o território nacional. Não se trata de apontar culpados, e sim, de refletir sobre a responsabilidade de cada um (pais, educadores e governantes) para, juntos, buscarmos soluções.

Além de destacar o poder transformador da alfabetização, o objetivo deste livro é apresentar um novo componente que pode mudar esse placar: a ciência cognitiva da leitura. O nome pode parecer difícil, na prática, porém, nada mais é que um apanhado de evidências, resultantes de estudos feitos dentro e fora do país, sobre o que acontece no cérebro durante o processo de leitura e escrita. As pesquisas também avaliam as diferentes concepções alfabetizadoras, a fim de apontar o que de fato funciona no dia a dia da escola.

A fim de propor um novo olhar sobre a alfabetização, deixando "pré-conceitos" para trás, apresento a você, pai, educador e demais interessados no assunto, três passos para ajudar a criança: um **olhar neurocientífico**, um **olhar desenvolvimental** e **um olhar mediador**. Com eles, você vai entender como o cérebro aprende a ler e a escrever, compreender que se trata de um processo desenvolvimental e conhecer e valorizar seu papel como facilitador dessa jornada.

Recentemente, durante uma *live* da NeuroSaber repleta de educadores, perguntei se eles recordavam o nome da pessoa que os havia alfabetizado. A maioria encheu a caixa de comentários com respostas afirmativas e emocionadas, seguidas de emojis de coração. A pessoa que me alfabetizou foi a professora Jandira. Ela era superbrava, porém a tática deu certo. Compartilhei essa história para provar que a alfabetização é um marco na vida de todas as pessoas. É também o ponto de partida para o êxito profissional, mas o impacto vai além da trajetória acadêmica. Por isso causa tantas dúvidas (por vezes, angústia) nos envolvidos – alunos, famílias e toda a comunidade escolar.

Dito isso, gostaria de convidar você, leitor, a ressignificar tudo o que já ouviu, leu e aprendeu a respeito da alfabetização. Para melhorar a educação das crianças, precisamos corrigir o cerne do problema, isto é, os índices de leitura e de escrita. Foi o que fizeram diversos países (entre eles, Estados Unidos, França e Inglaterra).[7] Aqui no Brasil também temos exemplos positivos: o município de Sobral, no Ceará, um dos mais significativos – confira estes e outros casos inspiradores no capítulo 9. Pois, como diz o livro dos Provérbios 22:6, da Bíblia, "ensina a criança no caminho em que deve andar, e ainda quando for velho, não se desviará dele".

---

7. OLIVEIRA, J. B. A. (org.). **Alfabetização infantil:** novos caminhos. Brasília: Câmara dos Deputados, 2019. Disponível em: https://alfabetizacao.mec.gov.br/images/pdf/alfabetizacao_infanti_novos_caminhos_gastao_vieira.pdf. Acesso em: 11 set. 2023.>

A alfabetização deixa marcas

"Se podes olhar, vê. Se podes ver, repara."

JOSÉ SARAMAGO

Em latim, a palavra *insignare* significa marcar com um sinal. Não é à toa, portanto, que ela deu origem ao verbo "ensinar". E uma das primeiras marcas que o ensino deixa nos alunos, sem dúvida, é a alfabetização. A maioria das pessoas lembra com carinho do(a) professor(a) que as alfabetizou, mesmo anos ou décadas depois, não é mesmo? Por isso, me entristece saber que o Brasil, ainda hoje, apresenta um número elevado de analfabetos, apesar dos avanços sociais, econômicos e científicos das últimas décadas.

De acordo com dados do Instituto Brasileiro de Geografia e Pesquisa (IBGE), com base na última Pesquisa Nacional por Amostra de Domicílios Contínua (PNAD Contínua), existem aproximadamente 11 milhões de brasileiros que não sabem ler e escrever.[8] Esse número compreende 6,6% da população acima de 15 anos. *Mas o número de analfabetos não está diminuindo, Luciana?* Sim, é verdade. Como mostra

---

8. TOKARNIA, M. Analfabetismo cai, mas Brasil ainda tem 11 milhões sem ler e escrever. **Agência Brasil**, 15 jul. 2020. Disponível em: https://agenciabrasil.ebc.com.br/educacao/noticia/2020-07/taxa-cai-levemente-mas-brasil-ainda-tem-11-milhoes-de-analfabetos. Acesso em: 26 jul. 2023.

a análise feita por Braga e Mazzeu (2017),[9] com base no Censo Demográfico do IBGE, os índices apontam redução percentual de analfabetos, passando de 65,3% em 1940 para 9,6% em 2010.

No entanto, eles chamam a atenção para o fato de que se trata de uma conquista recente: a quantidade absoluta de analfabetos começou a cair mesmo somente a partir dos anos 1980. Para os autores, a explicação desse fenômeno vai além de questões conjunturais e de políticas de governos específicos: é necessário olhar também para as relações sociais que marcam a história da educação no Brasil desde o início da colonização. De um lado, o modelo econômico embasado na produção de matéria-prima para exportação, que não requer mão de obra qualificada nem desenvolvimento científico e tecnológico; do outro, a precariedade ou mesmo a ausência do sistema educacional, principalmente quando falamos da alfabetização de jovens e adultos. Segundo Braga e Mazzeu,[10] "o quadro só não é pior pela dedicação abnegada de professores e alunos, que conseguem superar os obstáculos e as condições adversas e ainda assim obter resultados positivos, embora limitados".

Contudo, diminuir o número de analfabetos não é suficiente. Paralelamente, existe ainda outro fantasma que assombra a questão da alfabetização no país: três em cada dez brasileiros de 15 a 64 anos são considerados analfabetos funcionais, o equivalente a 38 milhões de pessoas. Os dados são do último Indicador do Alfabetismo Funcional (Inaf),[11] pesquisa feita desde o início dos anos 2000 pelo Instituto

---

9. BRAGA, A. C.; MAZZEU, F. J. C. O analfabetismo no Brasil: lições da história. **Revista on-line de Política e Gestão Educacional**, Araraquara, v. 21, n. 1, p. 24-46, 2017. Disponível em: https://periodicos.fclar.unesp.br/rpge/article/view/9986/6590. Acesso em: 26 jul. 2023.

10. *Idem*. p. 44.

11. INDICADOR de Analfabetismo Funcional. **Inaf.** Disponível em: https://alfabetismo funcional.org.br/. Acesso em: 26 jul. 2023.

Paulo Montenegro em parceria com a ONG Ação Educativa, por meio do Ibope Inteligência, com o intuito de demonstrar os níveis de proficiência da população em leitura e compreensão de texto.

Para chegar a essa conclusão, os pesquisadores do Inaf avaliaram quatro habilidades funcionais nos campos do letramento e do numeramento: localização (capacidade de identificar no texto uma ou múltiplas informações expressas de modo literal ou não); integração (comparar, ordenar ou estabelecer outros nexos lógicos entre dois ou mais elementos); elaboração (elaborar, criar ou recriar textos e resolver problemas com base em elementos textuais); e avaliação (aportar informação extratextual para confrontar com informação textual ou emitir parecer sobre ela). Com base nessas habilidades, eles dividiram a população em cinco níveis do alfabetismo funcional: analfabeto, rudimentar, intermediário e proficiente.

O que caracteriza o analfabetismo funcional na prática? As pessoas que se incluem nesse grupo, independentemente da idade, sabem reconhecer as letras e os números, mas possuem limitações na leitura e na escrita. Elas não conseguem, por exemplo, interpretar textos adequadamente, expressar ideias em uma carta, compreender informações em cartazes, entre outras coisas que você e eu realizamos sem maiores problemas. E isso influencia a realização de atividades básicas no dia a dia, como dá para imaginar.

Se você pensa que quanto mais tempo uma pessoa tiver de estudo, melhor serão as habilidades de escrita e leitura, saiba que nem sempre é assim. Ainda que a escolaridade seja o principal fator para aumentar o nível de alfabetismo, o Inaf indica que aproximadamente 34% dos que chegam aos anos finais do Ensino Fundamental são analfabetos funcionais. Essa tendência se nota mesmo nos alunos que atingem escolaridade mais alta. No Ensino Médio, apenas 12% dos que alcançam ou concluem essa etapa são proficientes. Já no Ensino Superior, são 34%. Esses resultados comprovam o que professores, sobretudo da rede pública, já sabem há tempos: estar matriculado no primeiro ano não é garantia de que o aluno vai aprender a ler e a escrever de fato.

Para os pesquisadores do Inaf, os programas que visam acabar com o analfabetismo fizeram sua parte até aqui, mas está na hora de mudar,[12] visto que eles continuam relacionados a políticas assistenciais. O ponto mais crítico, conforme demostram os resultados do estudo, está nos anos finais do Ensino Fundamental II, pois os primeiros anos do Fundamental fazem diferença no desempenho do aluno; entretanto, não há distinção significativa entre o que fez o Fundamental II e aquele que parou no Fundamental I, o que impacta negativamente o desempenho no Ensino Médio e Superior. Os alunos podem até atingir essas etapas finais da Educação Básica, porém muitos terão dificuldades para aprender de verdade.

Aprender a ler não é uma consequência natural do desenvolvimento, assim como andar e falar, ou seja, se a criança for criada em um ambiente onde seja exposta à língua, ela vai aprender a se comunicar naturalmente. O mesmo acontece com as habilidades motoras: os primeiros passos requerem treino, mas aos poucos se tornam espontâneos.

Nosso cérebro, por outro lado, não foi programado para decodificar a leitura e a escrita. Trata-se de uma competência que nós, seres humanos, tivemos de desenvolver ao longo da evolução da espécie às custas de uma adaptação cerebral, conforme você vai ver no capítulo 5. Até porque a invenção da escrita, um dos grandes marcos da história da humanidade, foi ainda "ontem" em termos evolutivos.[13]

12. ANNUNCIATO, P. Analfabetismo funcional: "O ponto mais crítico está no fundamental II". **Nova Escola**, 30 maio 2019. Disponível em: https://novaescola.org.br/conteudo/17547/analfabetismo-funcional-o-ponto-mais-critico-esta-no-fundamental-ii Acesso em: 26 jul. 2023.

13. NAVAS, A. L. G. P.; SANTOS, M. T. M. S. **Distúrbios de leitura e escrita**: teoria e prática. Barueri: Manole, 2004.

Desse modo, expor a criança ao alfabeto por meio de livros, músicas ou jogos é importante, porém não o suficiente. Quantas crianças conhecemos que sabem de cor todas as letras, mas não conseguem juntá-las de maneira que façam sentido? Acontece que existem diversos pré-requisitos para a leitura fluir, pois a alfabetização requer um conjunto de habilidades, e a familiaridade com as letras é apenas uma delas. Então, uma vez que a leitura não surge instintivamente, o processo necessita de uma metodologia estruturada com a mediação ativa e a instrução dos educadores.

O impacto na família

Tão logo descobrimos que vamos nos tornar pais, a vida deste novo ser nos leva a sonhar e a projetar seu futuro, como o dia em que ele vai ler e escrever. Por isso, alguns já nascem cercados de estímulos, como livros e brinquedos. A alfabetização é, portanto, um dos grandes marcos da infância para os pais. Ao ler uma placa de rua, um letreiro no supermercado ou uma frase em um livro, nós nunca esquecemos o momento em que nos demos conta de que a criança aprendeu a decodificar as primeiras palavras.

Essa fase, no entanto, também é cercada de dúvidas, uma vez que todos sabem que se trata do primeiro degrau da escolaridade. Por que o colega do meu filho já sabe ler e ele ainda não? É comum as crianças escreverem as letras ao contrário? Devo corrigir meu filho toda vez que ele escreve uma palavra de maneira errada? Trata-se de um período delicado, que pode gerar ansiedade em casa, prejudicando a relação familiar e até mesmo o desempenho da criança na escola. Por isso, cabe aos educadores acolher as "dores" dos pais sem julgamento. Lembrando-se ainda de que boa parte deles foi alfabetizada em outra época, de maneira diferente, com cartilhas, cópias e ditados, por exemplo.

Além disso, cabe ressaltar que a preocupação dos pais é válida. Há vários estudos que destacam os efeitos da leitura sobre o nível cognitivo, independentemente da idade. Entre eles, há uma pesquisa brasileira de autoria de Analice Fragoso (2019).[14] Já havia falado desse estudo em *Educação baseada em evidências: o que todo professor precisa saber*, livro que escrevi com a pedagoga e amiga Roselaine Pontes de Almeida, mas vale a pena destacá-lo aqui novamente. Com o objetivo de investigar o impacto social da má alfabetização ou do analfabetismo, Fragoso submeteu um grupo de adultos analfabetos e semianalfabetos a exames que mediam o potencial cognitivo dos alunos – como teste de vocabulário, competência de leitura, consciência fonológica, QI e atenção.

A conclusão de Fragoso foi que, mesmo sem apresentar qualquer deficiência intelectual, os adultos analfabetos que participaram do estudo possuíam restrições cognitivas. Por outro lado, as habilidades cognitivas dos indivíduos testados se mostraram mais adequadas à medida que aumentava seu grau de escolarização. Em resumo, o estudo mostra que, mesmo na vida adulta, a aquisição da leitura e da escrita modificam a organização cerebral e favorecem a cognição dos alunos. A mensagem que podemos tirar disso? "Nunca é tarde para aprender", resume a pesquisadora.

... E na escola

Além de afetar o desenvolvimento cerebral, o analfabetismo funcional pode comprometer toda a trajetória escolar e acarretar diversos problemas para os indivíduos, como altas taxas de reprovação, distorção idade-série, abandono e evasão. Os dois últimos estão entre os mais graves. Vale ressaltar aqui que, embora abandono e evasão escolar pareçam sinônimos, são situações diferentes. Quando o aluno deixa de frequentar a escola durante o ano letivo, trata-se de abandono escolar.

---

14. FRAGOSO, A. O. **Desempenho cognitivo e impacto da alfabetização fônica no contexto de educação de jovens e adultos na cidade de São Paulo**. 2019. Tese (Doutorado em Distúrbios do Desenvolvimento) – Universidade Presbiteriana Mackenzie, São Paulo, 2019.

A evasão, por sua vez, caracteriza-se pela não realização da matrícula no ano subsequente, independentemente de o aluno ter sido aprovado ou não.

Uma pesquisa realizada pela Fundação Getulio Vargas (FGV),[15] sob a coordenação do economista Marcelo Neri, jogou luz sobre o assunto, partindo das seguintes perguntas: por que o jovem deixa de frequentar a escola? Porque tem de trabalhar para sustentar a família, porque não há escola acessível ou porque ele não quer o tipo de escola que está aí? Entre os motivos apresentados, a falta intrínseca de interesse abrangeu a maioria, isto é, 40,3% dos evadidos; a necessidade de trabalho e renda, 27,1%; e a falta de oferta de escolas, 10,9% (sendo a inclusão de crianças deficientes um obstáculo). O restante, 21,7% dos evadidos, apresentou outras razões (até mesmo gravidez foi citada como um dos motivos). Curiosamente, a pesquisa demonstrou que a influência direta dos pais sobre a evasão, tanto em relação à geração de renda quanto à falta de interesse, é pequena, o que sugere, nas palavras dos pesquisadores, que "é preciso aumentar a atratividade da escola".[16]

Não é de surpreender, portanto, que o país ocupe a 57ª posição do Programa Internacional de Avaliação de Alunos (Pisa). Dados recentes apresentados pelo Pisa serviram para que o Banco Mundial produzisse um relatório segundo o qual os estudantes brasileiros levariam 260 anos para atingir o nível de leitura e escrita de países ricos.[17] Sem querer ser pessimista, esses índices podem piorar ainda

---

15. NERI, M. (coord.) **Motivos da evasão escolar**. Rio de Janeiro: FGV/Ibre/CPS, 2009. Disponível em: https://www.cps.fgv.br/ibrecps/rede/finais/Etapa3-Pesq_Motiva coesEscolares_sumario_principal_anexo-Andre_FIM.pdf. Acesso em: 26 jul. 2023.

16. *Idem*. p. 6.

17. Alunos brasileiros vão demorar 260 anos para atingir índice de leitura dos países ricos, diz Banco Mundial. **G1**, 28 fev. 2018. Disponível em: https://g1.globo.com/educacao/noticia/alunos-brasileiros-vao-demorar-260-anos-para-atingir-indice-de-leitura-dos-paises-rico-diz-banco-mundial.ghtml. Acesso em: 26 jul. 2023.

mais após a pandemia de covid-19, como demonstram os primeiros estudos sobre o tema.

De acordo com uma pesquisa da organização Todos pela Educação, o número de crianças que não sabem ler e escrever cresceu 66% durante a pandemia, de 2019 para 2021,[18] na percepção dos responsáveis. Os dados são referentes à faixa etária de 6 a 7 anos, com base na PNAD Contínua, realizada pelo IBGE. "Os efeitos são graves e profundos, então não serão superados com ações pontuais. As Secretarias de Educação precisam oferecer um apoio muito bem estruturado à gestão escolar e aos professores, que já enfrentam imensos desafios", disse Gabriel Corrêa, líder de políticas educacionais da organização, em nota à imprensa por ocasião da divulgação da pesquisa.[19]

O que me intrigou nessa pesquisa foi a maneira como as informações foram colhidas, ou seja, com entrevistas com os pais ou demais responsáveis pelas crianças. Isso porque, quando o alerta vem da própria família, a situação é mais grave do que podemos imaginar. Não por acaso, outro estudo lançado em sequência observou resultados semelhantes.[20] Dados do Sistema de Avaliação da Educação Básica (Saeb) mostram que as dificuldades de leitura e escrita nessa faixa

18. TODOS PELA EDUCAÇÃO. **Nota técnica**: Impactos da pandemia na alfabetização de crianças. São Paulo, fev. 2021. Disponível em: https://todospelaeducacao.org.br/wordpress/wp-content/uploads/2022/02/digital-nota-tecnica-alfabetizacao-1.pdf. Acesso em: 26 jul. 2023.

19. CORRA, D.; ALVES, J. Número de crianças brasileiras que não sabem ler e escrever cresce 66% na pandemia. **CNN**, 8 fev. 2022. Disponível em: https://www.cnnbrasil.com.br/nacional/numero-de-criancas-brasileiras-que-nao-sabem-ler-e-escrever-cresce-66-na-pandemia/. Acesso em: 26 jul. 2023.

20. BIMBATI, A. P. Com pandemia, dobra proporção de crianças que têm déficit na alfabetização. **UOL**, 16 set. 2022. Disponível em: https://educacao.uol.com.br/noticias/2022/09/16/pandemia-saeb-criancas-alfabetizacao.htm. Acesso em: 26 jul. 2023.

etária dobrou no mesmo período: três em cada dez crianças do 2º ano não sabem ler nem escrever palavras simples.

Diante desses obstáculos, antigos e novos, é comum que tanto os educadores quanto os pais muitas vezes se perguntem sobre a capacidade cognitiva das crianças. Para começar, precisamos esclarecer a diferença entre dificuldade e transtorno de aprendizagem. A dificuldade é causada por problemas escolares ou familiares que possam surgir durante a idade escolar da criança, ao passo que o transtorno está relacionado a uma disfunção das áreas do neurodesenvolvimento, resultando em prejuízo na capacidade aquisitiva de habilidades escolares específicas, sobretudo nas áreas de leitura, escrita e matemática.[21]

Verifica-se que os transtornos de aprendizagem, identificados em diferentes países e culturas, acometem entre 5% e 15% das crianças em fase escolar, conforme aponta o Manual Diagnóstico e Estatístico de Transtornos Mentais (DSM-5).[22] Já a prevalência das dificuldades de aprendizagem é alta: considerando dados de diversos países, conclui-se que o índice de crianças em idade escolar em que essas dificuldades se manifestam chega a 50%. E o que esses dados significam na prática? A resposta é óbvia, mas muitas vezes difícil de enxergar: a falta de qualidade e equidade na educação gera alunos com pseudodistúrbios. Ainda que as dificuldades de aprendizagem não estejam relacionadas a características neurobiológicas, não podemos negar que interferem e muito no aprendizado.

Por fim, a alfabetização também deixa marcas sociais e econômicas. As estatísticas mostram que a probabilidade de uma pessoa ser analfabeta no país depende da região onde ela vive, uma clara correlação entre o analfabetismo e o desenvolvimento econômico.

21. ROTTA, N. T.; OHLWEILER, L.; RIESGO, R. S. **Transtornos da aprendizagem**: abordagem neurobiológica e multidisciplinar. Porto Alegre: Artmed, 2015.

22. AMERICAN PSYCHIATRIC ASSOCIATION. **DSM-5**: manual diagnóstico e estatístico de transtornos mentais. Porto Alegre: Artmed, 2014.

"A alfabetização é o primeiro passo para enxergarmos além da superficialidade."

@lubritesoficial

Segundo o IBGE, as menores taxas de analfabetismo se encontram nas regiões Sul e Sudeste, 3,3% entre os que têm 15 anos ou mais; na região Centro-Oeste, o índice equivale a 4,9%; e nas regiões Norte e Nordeste, a 7,9% e 13,9%, respectivamente.

A raça, que no país ainda é fortemente atrelada a fatores socioeconômicos, também conta. Voltando à pesquisa do Inaf, em relação à cor da pele, 77% dos brancos são classificados como funcionalmente alfabetizados; e entre os pardos e negros, o número cai para 70% e 65%, respectivamente – isso me lembra de um dos questionamentos que José Morais faz no livro *Alfabetizar para a democracia*,[23] ao dizer que "o Brasil foi um dos últimos países a abolir a escravatura. Será também um dos últimos a abolir o analfabetismo?". De fato, são muitas as reflexões que ainda temos de fazer em torno desse tema.

Traduzindo os números, a criança que não é alfabetizada propriamente quando deveria pode perder inúmeras oportunidades, colocando em risco sua educação no futuro. Por isso, escolhi a epígrafe de *Ensaio sobre a cegueira*,[24] obra de José Saramago, para abrir este capítulo. No mundo ficcional criado por Saramago, as pessoas vão se tornando cegas aos poucos, mas, na verdade, a cegueira é uma metáfora para o egoísmo, a intolerância e a indiferença. "Se podes olhar, vê. Se podes ver, repara", provoca o autor. Para mim, a alfabetização é o primeiro passo para enxergarmos além da superficialidade. É a porta de entrada para uma sociedade mais justa. Como comprovam as últimas evidências científicas, aprender a ler deixa marcas não apenas no intelecto, mas também na vida das pessoas.

---

23. MORAIS, J. **Alfabetizar para a democracia**. Porto Alegre: Penso, 2014. p. 51

24. SARAMAGO, J. **Ensaio sobre a cegueira**, São Paulo: Companhia das Letras, 2020.

Os desafios da alfabetização no Brasil

"Se você acha que a educação é cara, experimente a ignorância."

DEREK BOK

Os índices relacionados à alfabetização no país não são nada favoráveis, como você viu anteriormente. Para piorar, o problema se arrasta há décadas. Neste capítulo, vamos debater os principais fatores que estão por trás disso. Alguns dizem que a falha é do governo, outros alegam que é da pedagogia. Antes de começarmos, gostaria de ressaltar que o objetivo aqui não é apontar culpados. Essa reflexão é fundamental. No entanto, acredito que nós – pais, educadores e todos os especialistas que se dedicam aos cuidados infantis – devemos nos incluir na discussão, a fim de assumir também a nossa responsabilidade. E o primeiro passo é nos debruçarmos sobre o cerne da questão, para apontarmos soluções que melhorarão o futuro da educação de nossas crianças. Bora lá?

Causa nº 1: a formação dos educadores

Uma das raízes do problema está na formação dos educadores, uma tecla na qual venho batendo há anos. Em *Brincar é fundamental – Como entender o neurodesenvolvimento e resgatar a importância do brincar durante a primeira infância*,[25] livro que publiquei em 2020, já havia chamado a

---

25. BRITES, L. **Brincar é fundamental:** como entender o neurodesenvolvimento e resgatar a importância do brincar durante a primeira infância. São Paulo: Editora Gente, 2020.

atenção para essa causa. É triste reconhecer que pouca coisa mudou de lá para cá. Como falei então, um dos grandes dilemas na atual formação de docentes no país está no equilíbrio entre formação acadêmica e formação pedagógica. Em outras palavras, teoria *versus* prática.

Para começar, na maioria das faculdades do país, as disciplinas do "bloco teórico" são abordadas no início do curso, ao passo que as do "bloco prático", no final – como ressalta a revisão bibliográfica realizada por pesquisadores da Universidade Estadual Paulista (Unesp).[26] A princípio, os futuros educadores são apresentados aos conhecimentos gerais e, uma vez que essas informações básicas sejam internalizadas, chega a hora da formação pedagógica, de modo que se tornem aptos para o exercício da docência. Essa ordem pode até fazer sentido do ponto de vista curricular em um primeiro momento, no entanto, será que os conhecimentos adquiridos estão de acordo com o dia a dia da sala de aula, onde o processo de ensino de fato acontece? Pergunto isso porque ainda hoje são poucas as disciplinas que têm por objetivo pensar a prática docente. E sabemos que se tornar professor não acontece de maneira simples, muito menos da noite para o dia.

O resultado aparece lá na frente, quando chega a hora de ele encarar uma classe com trinta (ou até mais) alunos. De acordo com uma pesquisa realizada com cerca de dois mil professores (de instituições privadas e das redes municipal e estadual) de todo o país,[27] 29% dos entrevistados acham que a formação inicial os preparou o suficiente para os desafios da docência, ao passo que 34% discordam. Já em relação à

---

26. BARROS, M. S. F. *et al.* A relação teoria e prática na formação docente: condição essencial para o trabalho pedagógico. **Revista Ibero-Americana de Estudos em Educação**, Araraquara, v. 15, n. 1, p. 305-318, 2020. Disponível em: https://periodicos. fclar.unesp.br/iberoamericana/article/view/13303. Acesso em: 27 jul. 2023.

27. ITAÚ SOCIAL; TODOS PELA EDUCAÇÃO. **Profissão Professor**. São Paulo, 2018. Disponível em: https://educacaointegral.org.br/wp-content/uploads/2018/07/ Pesquisa-Professor_Dados.pdf. Acesso em: 27 jul. 2023.

importância dos elementos trabalhados na graduação, segundo a mesma pesquisa, os professores apontam que os assuntos que consideram mais importantes são os menos trabalhados, como as teorias de aprendizagem e o conhecimento prático sobre o planejamento de aulas.

Um exemplo de quão desatualizada está a abordagem teórica é a inclusão de alunos com dificuldades de aprendizagem, transtornos e deficiências. Nesse contexto, os professores devem buscar métodos de ensino que levem em consideração alunos com habilidades variadas. Isso beneficia a todos, uma vez que aumenta o envolvimento no processo de aprendizagem, fomenta o diálogo sobre as diferenças e gera respeito por aqueles com distintas habilidades e necessidades especiais. Atualmente, o acesso à educação das pessoas desse grupo é garantido pela Lei Brasileira de Inclusão, de 2015. De acordo com a legislação, o sistema educacional deve ser inclusivo em todos os níveis, e as escolas da rede particular, por sua vez, não podem cobrar nenhum valor adicional para implementar recursos de acessibilidade.

Existem ainda outras resoluções, portarias e leis que dispõem sobre a inclusão no país, mas, ainda que a formação dos educadores seja ressaltada em várias delas, o currículo das faculdades continua defasado nesse ponto, gerando inúmeras barreiras nas salas de aula. Entre as principais queixas que costumo ouvir dos professores estão a falta de experiência em trabalhar com alunos neurodivergentes, a dificuldade para incluir todos nas atividades e a falta de apoio na classe, visto que muitas vezes a presença de um professor assistente ou acompanhante terapêutico pode ser necessária.

Pude observar essas situações em minhas andanças Brasil afora. Em conversas com educadores, ouço muitas vezes que há casos em que a escola até tem a verba para contratar um professor auxiliar para inclusão, mas os profissionais não estão à altura do desafio. Também já fiquei a par de histórias em que órgãos públicos de determinadas regiões recebem verbas designadas para a educação, porém não encontram projetos qualificados para investir. Antes que você diga, porém,

"O sistema educacional deve ser inclusivo em todos os níveis, e as escolas da rede particular, por sua vez, não podem cobrar nenhum valor adicional para implementar recursos de acessibilidade."

@lubritesoficial

que a inclusão é um caso à parte, é bom lembrar que percalços relacionados à formação dos professores existem em diversas disciplinas.

De acordo com o Anuário Brasileiro da Educação Básica,[28] ferramenta de consulta organizada pela ONG Todos pela Educação para jornalistas, pesquisadores, gestores de políticas públicas e todos os que desejam compreender melhor o cenário do ensino no Brasil, nos anos finais do Ensino Fundamental, somente 60,3% das turmas dispunham de professores com formação compatível em 2021, edição mais recente do documento. Entre as oito disciplinas analisadas, apenas Língua Portuguesa e Educação Física superaram o patamar de turmas com 70% de professores com formação adequada. Já no Ensino Médio, 65,3% das turmas dispunham de professores com formação adequada para as disciplinas lecionadas.

Está na hora de repensarmos a formação das próximas gerações de educadores – não só na faculdade como também ao longo de todo o período em que exercerem a docência –, pois as dificuldades não vão parar por aí. A pandemia de covid-19, por exemplo, acelerou as discussões em torno do ensino a distância e favoreceu a tendência de um modelo híbrido (isto é, um ambiente que mescla o ensino virtual e presencial) de educação entre adultos.[29] Este foi um dos pontos positivos da pandemia, se é que podemos falar dessa forma. Mas esse período em que crianças do mundo inteiro foram obrigadas a ter aulas on-line não diminuiu a importância do professor como mediador ativo da aprendizagem, pelo contrário. Como aponta a própria Base

---

28. TODOS PELA EDUCAÇÃO. **Anuário Brasileiro da Educação Básica 2021**. São Paulo: Moderna, 2021. Disponível em: https://todospelaeducacao.org.br/wordpress/wp-content/uploads/2021/07/Anuario_21final.pdf. Acesso em: 27 jul. 2023.

29. OLIVEIRA, R.; MEKARI, D. Educação do futuro acontece em um ambiente que mescla o físico e o digital. **Porvir**, 16 maio 2022. Disponível em: https://porvir.org/educacao-do-futuro-acontece-em-um-ambiente-que-mescla-o-fisico-e-o-digital/. Acesso em: 27 jul. 2023.

Nacional Comum Curricular (BNCC), o processo educativo visa não apenas à educação formal como também ao desenvolvimento humano global – e é isso que permeia a relação entre alunos e professores desde sempre.

Causa nº 2: a desigualdade dos investimentos em educação

É preciso deixar claro que a melhoria do ensino não depende apenas dos educadores. Não se trata, portanto, de responsabilizá-los pelos baixos índices que os alunos brasileiros apresentam. "A apreensão desse fenômeno requer a ampliação do olhar para o que se encontra além dos muros da escola e que pode impactar o sistema educativo como os aspectos: históricos, políticos, econômicos e sociais",[30] afirmam os educadores da Unesp. A prática pedagógica, afinal, está inserida em uma realidade social. Isso significa que ela sofre influência da qualificação dos envolvidos, das condições de trabalho (salários, ferramentas, reconhecimento profissional etc.) oferecidas a eles e até mesmo de políticas educacionais descontinuadas.

Devemos supor, portanto, que o aumento dos investimentos em educação seria o suficiente para o desempenho de nossos alunos melhorar? O Brasil direciona aproximadamente 5% de seu Produto Interno Bruto (PIB) à educação, de acordo com o relatório "Education at a Glance 2021",[31] elaborado pela Organização para a Cooperação e Desenvolvimento Econômico (OCDE), a mesma organização que realiza o Programa Internacional de Avaliação de Alunos (Pisa). Esse percentual é semelhante ao que outros países desenvolvidos que

---

30. BARROS, M. S. F. *et al.*, *op. cit.*, p. 307.

31. OCDE: Brasil sofre com abismo em nível de leitura entre jovens de alta e baixa renda. **G1**, 16 set. 2021. Disponível em: https://g1.globo.com/educacao/noticia/2021/09/16/ocde-brasil-sofre-com-abismo-em-nivel-de-leitura-entre-jovens-de-alta-e-baixa-renda.ghtml. Acesso em: 27 jul. 2023.

participaram da análise destinam ao setor, mas, quando se observa o total investido por aluno – da Educação Básica até o Ensino Superior –, ainda há muito a melhorar. Os dados mostram que o Brasil gasta 3,2 mil dólares por estudante anualmente, contra 10 mil dólares por estudante na média da OCDE, ou seja, apenas um terço em comparação à média.

Outro viés que não pode ser ignorado nessa questão diz respeito à execução dos gastos: além do quanto se gasta, é imprescindível avaliar como se gasta. O Brasil investe três vezes menos na Educação Básica (que inclui a Educação Infantil, o Ensino Fundamental e o Ensino Médio) que a média dos países da OCDE. Já no Ensino Superior, o investimento é equivalente aos demais países. Para o estatístico Andreas Schleicher, diretor da área de Educação e Habilidades e assessor especial de Políticas Educacionais da OCDE, essa estratégia deve ser repensada: "Quando se trata de dinheiro público, é preciso que os recursos sejam destinados àqueles que necessitam, ou seja, aos alunos na escola básica. Aqueles que sobrevivem ao sistema escolar brasileiro têm dificuldade de chegar à universidade".[32]

O Anuário Brasileiro da Educação Básica[33] compara os gastos em relação aos níveis de ensino, da Educação Infantil ao Ensino Superior, desde 2005. A última edição do documento, de 2021, mostra que os investimentos em Educação Infantil continuam inferiores aos demais níveis – confira o gráfico ao fim do capítulo. Uma pena, considerando-se que diversas pesquisas mostram a relevância dessa fase para o desenvolvimento dos pequenos.

Vamos nos aprofundar nesse tema mais adiante, mas desde agora cito um dado que corrobora com tal percepção. Embora os alunos da

---

32. CAMARGO, P. de. Investimento em educação no Brasil está distorcido, alerta diretor da OCDE. **Revista Educação**, 3 dez. 2021. Disponível em: https://revista educacao.com.br/2021/12/03/investimento-em-educacao-ocde/. Acesso em: 27 jul. 2023.

33. TODOS PELA EDUCAÇÃO, *op. cit.*

Educação Infantil não tenham sido avaliados no relatório da OCDE, o documento cita um dado sobre a influência da educação na primeira infância (isto é, no período de 0 a 6 anos): os alunos que frequentaram a Educação Infantil fizeram 19 pontos a mais nos testes de leitura no Pisa do que aqueles que não tiveram acesso a esse nível de ensino. Certamente não é coincidência.

Em resumo, ainda se investe pouco (ou menos que o necessário) e se investe mal na educação de nossas crianças. Sobretudo em relação à alfabetização, para serem mais efetivos, os investimentos deveriam focar a Educação Infantil e o Ensino Fundamental I para mudarmos essa perspectiva. Pois não há como dissociar a desigualdade nos gastos em educação dos índices de desempenho dos alunos brasileiros, a começar pelas habilidades de leitura. Enquanto o problema persistir, continuaremos em tal patamar, a despeito dos esforços de nossos educadores. Como afirmou Derek Bok, antigo diretor da Universidade Harvard, uma das melhores do mundo, "se você acha que a educação é cara, experimente a ignorância".

Causa nº 3: o receio da mudança

Como seres humanos, é normal resistirmos a mudanças. Um dos motivos, segundo a neurociência, está na dificuldade de o cérebro sair da "zona de conforto".[34] Isso porque, desde a época em que vivíamos nas cavernas, a economia de energia é vital à sobrevivência. Por essa razão, o cérebro aprendeu a evitar desperdícios ao longo da evolução, o que também acontece na hora de tomar decisões.

De acordo com a teoria dos psicólogos Amos Tversky e Daniel Kahneman, que ficou famosa no livro *Rápido e devagar: duas formas de pensar*,[35] as informações são processadas por dois sistemas operacionais

34. SCHESTATSKY, P. **Medicina do amanhã**. São Paulo: Gente, 2021.

35. KAHNEMAN, D. **Rápido e devagar**: duas formas de pensar. Rio de Janeiro: Objetiva, 2012.

no cérebro. O primeiro age automaticamente com base em experiências prévias, ao passo que o segundo fica com as decisões racionais. Uma vez que o primeiro sistema requer menos energia, ele se torna responsável pela maior parte de nossas ações. Sendo assim, nossos hábitos são formados por memórias já consolidadas e sobre as quais temos menos consciência.

Isso faz sentido, mas o que tem a ver com metodologias de ensino? Ora, a educação também é um grande e complexo sistema que reflete a sociedade como tal. Assim como é difícil convencer alguém a adotar novos comportamentos, como praticar exercícios físicos e reduzir o consumo de açúcar, mesmo que eles sejam comprovadamente benéficos, imagine transformar toda a base educacional. O cérebro tende a escolher o que já está memorizado, não importa que seja uma ação ou uma ideia.

Alguns educadores gostam de afirmar "eu sou da corrente de Piaget" ou "sigo a linha de Vygotsky"[36] e assim por diante. Eu também tenho minhas preferências, não há nada de errado com isso. Nós precisamos, sim, de linhas e correntes teóricas, visto que a educação é um conhecimento holístico. Entretanto, é preciso cuidado ao vestir a camisa dessa ou daquela corrente, pois pode limitar a visão que devemos ter dos seres humanos e impedir a descoberta de diferentes perspectivas. Nossa posição de educadores nos exige ir além. Não podemos fechar os olhos, portanto, para o fato de que conceitos e teorias podem e devem evoluir ao longo do tempo. Isso acontece em todas as áreas do conhecimento. Freud, por exemplo, conhecido por ser o pai da psicanálise, teria cometido erros em seus trabalhos acerca

---

36. O psicólogo, biólogo e epistemólogo suíço Jean Piaget (1896-1980) foi um dos pensadores mais importantes da educação na segunda metade do século XX. Já o psicólogo russo Lev Vygotsky (1896-1934) foi um dos pioneiros a abordar a influência das relações sociais no aprendizado, cujos estudos deram origem ao socioconstrutivismo.

da mulher,[37] mas ainda hoje são usados como ponto de partida para novas descobertas.

Poderia listar aqui inúmeras pesquisas que também foram descartadas à medida que a ciência progrediu, mas vou citar apenas mais um exemplo clássico, bastante difundido na pedagogia. No livro *The Number Sense, How the Mind Creates Mathematics* (O senso numérico, como a mente cria a matemática, em tradução livre), de 1997, o premiado neurocientista francês Stanislas Dehaene apresentou diversos estudos – alguns realizados por ele próprio – a fim de comprovar que os bebês já nascem com a capacidade de reconhecer, comparar, somar e subtrair pequenos números, o que ele denominou senso numérico. A afirmação foi de encontro ao que muitos estudiosos da infância imaginavam anteriormente, como o próprio Piaget.

Para chegar a tal conclusão, Dehaene obviamente se apropriou de dados e ferramentas que não existiam na época de Piaget, como exames de ressonância magnética e tomografias. No debate sobre os métodos de leitura, vale a mesma premissa. Não podemos ter receio de mudar. Dos anos 1990 para cá, inúmeros avanços na neurociência desvendaram os mecanismos de aprendizagem do cérebro humano. Levar esse conhecimento embasado em evidências científicas para a sala de aula não significa de modo algum que estamos desmerecendo o papel de educadores pioneiros, cujas contribuições são a base em que nos apoiamos para chegar até aqui. Eles não teriam feito o mesmo?

Causa nº 4: carência de políticas públicas embasadas em evidências científicas

Por conta do impacto que a leitura e a escrita causam na escolaridade como um todo, o ideal seria olharmos para a alfabetização de maneira

---

37. VELOSO, A. M. Há 160 anos nascia Freud. Mas afinal, o que ele explica? **Exame**, 6 maio 2016. Disponível em: https://exame.com/casual/ha-160-anos-nascia-freud-mas-afinal-o-que-ele-explica/. Acesso em: 27 jul. 2023.

estratégica, correto? Dito isso, há outra indagação mais importante: como você guia sua prática pedagógica? Muitos educadores ainda tomam decisões com base em conceitos ultrapassados e até mesmo em questões ideológicas, sem jamais se perguntar se, ao agir dessa ou daquela maneira, estão oferecendo a seus alunos o que há de mais efetivo em termos educacionais.

Digamos que o professor é o motorista e os alunos são os passageiros. Para conduzir os alunos do ponto A ao B durante uma excursão escolar, ele precisa conhecer o trajeto minimamente. Do contrário, podem se perder ou levar mais tempo do que o necessário para chegar ao destino. Se o professor/motorista tiver a chance de usar um mapa ou, melhor ainda, um GPS para traçar os melhores percursos, vai encurtar a distância entre os pontos, e assim todos vão ficar mais felizes. Gosto de usar essa analogia em minhas palestras, cursos e livros para mostrar que o ambiente escolar também precisa de estratégias educacionais claras de modo que otimizem o processo de aprendizagem.

A pedagogia está longe de ser uma ciência exata. Para mim, aliás, é uma paixão. Mesmo assim, não há por que orientarmos nossas atitudes de maneira irracional, sobretudo se considerarmos a influência que elas podem ter na vida de tantos alunos. Um conceito bastante difundido, por exemplo, é que cada criança é única. De fato, é preciso respeitar a individualidade de cada aluno, visto que as estratégias não funcionam da mesma forma para todos. Mas quando o assunto é alfabetização, as últimas descobertas da neurociência demonstram que o cérebro impõe os mesmos limites e a mesma ordem de aprendizagem.[38] Nesse contexto, cada vez mais estudos mostram que a leitura pela via direta, que coloca em paralelo as letras com o significado, só se torna possível após a automatização da via fonológica.

---

38. DEHAENE, S. **Os neurônios da leitura**: como a ciência explica nossa capacidade de ler. Porto Alegre: Penso, 2012.

"Está na hora de repensarmos a formação das próximas gerações de educadores – não só na faculdade como também ao longo de todo o período em que exercerem a docência."

@lubritesoficial

Esse é apenas um dos diversos cenários que sugere que entender como o cérebro da criança aprende faz a diferença na hora de escolhermos políticas públicas mais adequadas às demandas atuais. A resposta, portanto, está na educação baseada em evidências (EBE), exigindo que tenhamos um novo olhar sobre a alfabetização, como veremos no próximo capítulo. Entretanto, existem ainda muitas dúvidas em torno da aplicação direta do conhecimento científico nas salas de aula. Uma das queixas é que os alunos correm o risco de serem tratados como cobaias. Por isso, além de programas com prática comprovada em todas as disciplinas, acessíveis a todos os professores,[39] incentivos governamentais são imprescindíveis para que as escolas consigam adotá-los. Temos ainda um longo caminho a percorrer.

Estimativa do percentual do investimento público total em educação em relação ao Produto Interno Bruto (PIB) por nível de ensino, de 2005 a 2017

Ano	Todos os níveis de ensino	Níveis de ensino					
		Educação Básica	Educação Infantil	Educação Fundamental (anos iniciais)	Educação Fundamental (anos finais)	Ensino Médio	Ensino Superior
2005	4,5	3,6	0,4	1,5	1,2	0,5	0,9
2006	4,9	4,1	0,4	1,6	1,5	0,6	0,8
2007	5,1	4,2	0,4	1,6	1,5	0,7	0,9
2008	5,3	4,4	0,4	1,7	1,6	0,7	0,9
2009	5,6	4,7	0,4	1,8	1,7	0,8	0,9
2010	5,6	4,7	0,4	1,8	1,7	0,8	0,9
2011	5,8	4,8	0,5	1,7	1,6	1,0	1,0
2012	5,9	4,9	0,6	1,7	1,5	1,1	1,0
2013	6,0	4,9	0,6	1,6	1,5	1,1	1,1
2014	6,0	4,9	0,7	1,6	1,5	1,1	1,1
2015	6,2	4,9	0,7	1,6	1,4	1,1	1,3
2016	6,3	4,9	0,7	1,6	1,4	1,2	1,4
2017	6,3	4,8	0,7	1,6	1,3	1,2	1,5

Fonte: Todos pela Educação

39. SLAVIN, R. E. Evidence-Based Reform in Education. **Journal of Education for Students Placed at Risk (JESPAR)**, v. 22, n. 3, p. 178-184, 2017.

Novos desafios, novos rumos

té agora, já falamos sobre os elevados índices de analfabetismo e de analfabetismo funcional no Brasil, assim como as consequências do problema na família, na escola e na sociedade. Refletimos também a respeito das causas dessa triste realidade, incluindo novos e velhos obstáculos, que vão desde a formação dos educadores à desigualdade dos investimentos em educação, sem esquecer do receio de adotar metodologias educacionais variadas. Mas você conhece o ditado "insanidade é continuar fazendo as mesmas coisas e esperar resultados diferentes"? Pois é.

Nesse contexto, a educação baseada em evidências (EBE) surge como uma nova abordagem para direcionar o processo de alfabetização de maneira mais clara e eficiente, para ajudar as crianças a desenvolver todo o seu potencial. Vamos por partes, uma vez que é necessário compreender tanto a teoria quanto a prática. A EBE, como sugere o próprio nome, se apoia em métodos provenientes de pesquisas científicas e neurocientíficas confiáveis, tanto para a formulação de políticas quanto para a prática em sala de aula.[40] E o que isso tem a ver com alfabetização?

---

40. BRITES, L.; ALMEIDA, R. **Educação baseada em evidências**: o que todo professor precisa saber. Londrina: NeuroSaber, 2021.

O ambiente escolar tende a ser marcado por necessidades, escolaridades e níveis de desenvolvimento diferentes, visto que os professores também têm perfis didáticos variados. O uso de práticas comprovadas pela ciência, portanto, fortalece a igualdade na sala de aula e aumenta, por consequência, o sucesso de alunos e professores. Por ser um dos pontos determinantes na trajetória escolar, o foco das pesquisas em educação está se voltando cada vez mais ao ensino da leitura e da escrita.

De acordo com o Relatório Nacional da Alfabetização Baseada em Evidências (Renabe),[41] em resumo, a alfabetização baseada em evidências é aquela que emprega procedimentos e recursos cujos efeitos foram testados e se mostraram eficazes. Realizado com o apoio de educadores de todo o país, o documento reúne experiências bem-sucedidas de alfabetização mundo afora. Um de seus propósitos é abordar o tema pela perspectiva da ciência, visto que atualmente existe um descompasso entre o conhecimento científico produzido sobre a aprendizagem e o ensino da leitura e da escrita e o que se pensa sobre a alfabetização no país. Vale ressaltar ainda que o termo "evidências" engloba outras análises que vão além das pesquisas, conforme esclarece o documento no trecho que reproduzo a seguir:

Diferentes fontes de evidências podem ser usadas para informar a tomada de decisão em alfabetização. Elas incluem observação, documentos, depoimentos, entrevistas, experiências, raciocínio, revisões sistemáticas da literatura, pesquisas observacionais e experimentais feitas a partir delas e meta-análises dos dados dessas pesquisas. As evidências, portanto, podem assumir

---

41. BRASIL. Ministério da Educação. Secretaria de Alfabetização. **Relatório Nacional de Alfabetização Baseada em Evidências (Renabe)**. Brasília, DF: MEC/Sealf, 2021. Disponível em: https://www.gov.br/mec/pt-br/media/acesso_informacacao/pdf/RENABE_web.pdf. Acesso em: 27 jul. 2023.

formas distintas e ser valorizadas de forma diversa, em diferentes contextos na medicina, na educação, no sistema jurídico, nas políticas públicas.[42]

Então basta aplicar essas evidências científicas no dia a dia da escola ou da família que os índices de analfabetismo e analfabetismo funcional vão diminuir? Quem dera fosse simples assim. Como ressalto no livro *Educação baseada em evidências: o que todo professor precisa saber*, pautar a educação na ciência não é sinônimo de seguir cegamente prescrições apoiadas em pesquisas. Em vez disso, a ideia é coletar dados e refletir sobre a prática pedagógica, o que requer a construção de um sistema de melhoria contínua voltado à ação. Calma, eu explico!

Para início de conversa, uma pesquisa tem de ser validada antes de sua implementação. Isso significa que a educação baseada em evidências deve levar em consideração três critérios: relevância, suficiência e veracidade.[43] O ponto de partida de um estudo científico é uma pergunta que tem o intuito de descobrir algo novo ou já estabelecido (ou mesmo refutá-lo). Dito isso, quanto mais os resultados de uma pesquisa são similares em diferentes contextos e populações, maior é sua relevância. Sendo assim, caso uma estratégia seja eficaz na turma de sua(s) criança(s) e não se replique com outros grupos de estudantes, talvez o êxito tenha sido por acaso ou até mesmo por sorte.

A suficiência, por sua vez, está ligada à quantidade. Isso quer dizer que o resultado de uma pesquisa se torna cada vez mais confiável à medida que novos estudos o comprovem – ou corroborem, para usar um termo comum na ciência. De nada adianta, no entanto, que as conclusões de um estudo agreguem novas abordagens à prática

---

42. BRASIL, *op. cit.*, p. 28.

43. THOMAS, G.; PRING, R. **Evidence-based practice in education**. New York: McGraw Hill Education, 2004.

"O uso de práticas comprovadas pela ciência, portanto, fortalece a igualdade na sala de aula e aumenta, por consequência, o sucesso de alunos e professores."

@lubritesoficial

pedagógica (isto é, relevância) e sejam replicadas por outras pesquisas (suficiência), se não atenderem a padrões éticos. Esse critério é chamado de veracidade.

E a palavra do professor não conta? Conta e muito. Não existe ninguém melhor que ele para saber o que funciona ou não na sala de aula, é verdade. Para além do bom senso dos educadores, no entanto, lembro que a ciência pode auxiliar a todos (professores, gestores, familiares) na escolha dos melhores caminhos, sobretudo por seu caráter objetivo, o que a torna alheia a opiniões, hábitos e tradições que, apesar de bem-intencionadas, nem sempre favorecem o ensino e a aprendizagem.

Ebe: um novo modismo na educação?

Nada disso. O debate em torno da aplicação de evidências científicas também na sala de aula não é exatamente uma novidade. Um dos primeiros a trazer o assunto à tona, lá em 1988, foi o pesquisador inglês Andy Hargreaves em uma palestra para a Agência de Formação de Professores em Cambridge.[44] Na época, ele chamou a atenção para o fato de que os estudos científicos não eram implantados no chão da escola. Desse modo, os investimentos financeiros em pesquisas voltadas à educação não se convertiam em melhorias. Um paradoxo que, a meu ver, acontece por aqui também.

Com o tempo, a discussão iniciada por Hargreaves a respeito da educação baseada em evidências gerou um novo movimento, que se espalhou entre educadores de diversos países. A partir daí, não tardaria a surgir trabalhos com foco na alfabetização. Nenhum deles, entretanto, foi tão influente quanto o *National Reading Panel* (NRP),[45] publicado

44. HARGREAVES, A. **Professorado, cultura y postmodernidad**: cambian los tiempos, cambia el professorado. Màdrid: Ediciones Morata, 1996.

45. NATIONAL READING PANEL (NRP). **Teaching Children to Read**: an Evidence-Based Assessment of the Scientific Research Literature on Reading and its Implica-

nos Estados Unidos em 2000. O NRP foi uma metanálise[46] encomenda-
da pelo Congresso dos Estados Unidos ao Instituto Nacional de Saúde
Infantil e Desenvolvimento Humano (NICHD), a fim de revisar todas
as pesquisas disponíveis sobre o processo de ensino e aprendizagem da
leitura e de identificar as mais eficientes abordagens de alfabetização de
crianças, com a chancela do departamento de Educação.

O contexto em que o documento surgiu revela uma preocupação
daquele país com a melhora nos níveis de leitura de alunos de todas as
idades, conforme veremos no capítulo 9. Da mesma forma que bus-
cou responder a questões como: o ensino da consciência fonêmica é
eficaz para ajudar crianças a aprender a ler? Em que circunstâncias
e para quais crianças ele é mais eficaz? Os estudos que demonstraram
sua eficácia foram planejados de maneira adequada para produzir resultados cientificamente válidos?

Pela abrangência e pelo pioneirismo, o NRP tornou-se uma referência mundial e inspirou a criação de outros similares, como um efeito
em cascata. Entre eles, o *Teaching Reading* (Ensinando a ler, em tradução
livre), em 2005, na Austrália; o *Independent Review of the Teaching of Early
Reading* (Revisão independente do ensino precoce da leitura, em tradução
livre), na Inglaterra, em 2006; e o próprio Renabe, no Brasil, em 2021. Na
época em que o NRP começou a ser produzido, três anos antes de seu lan-
çamento, em 1997, a França também estava adentrando a discussão por
meio do *Apprendre à lire* (Para aprender a ler, em tradução livre).

Conhecidos por suas práticas educacionais inovadoras, a valorização da ciência no chão da escola também é antiga nos países nór-
dicos. Minha pesquisa de mestrado, por exemplo, foi galgada em um

tions for Reading Instruction – Reports of the Subgroups. Washington, DC: U. S. Depart-
ment of Health and Human Services, National Institute of Child Health and Human
Development, 2000. Disponível em: https://www.nichd.nih.gov/publications/pubs/
nrp/smallbook. Acesso em: 27 jul. 2023.

46. Veja a diferença entre os diferentes tipos de estudo ao final do capítulo.

dos primeiros programas para estimular a consciência fonológica em pré-escolares, de 1988, com origem na Suécia e na Dinamarca. O objetivo foi avaliar os efeitos da aplicação de um programa similar em alunos de uma escola de Educação Infantil da rede pública, no ambiente escolar, nos dias de hoje.[47]

Há muitas pesquisas em várias partes do mundo que mostram que a consciência fonológica (ou seja, a habilidade de manipular sons, sílabas e palavras de maneira eficiente e autônoma) pode ser desenvolvida antes da leitura e pode facilitar a aquisição subsequente de habilidades de leitura. Por isso, vamos retomar esse tópico nos capítulos 6 e 7. Contudo, os exemplos citados aqui servem para reforçar o quanto a educação baseada em evidências – da qual a alfabetização baseada em evidências se originou – não é modismo. Trata-se de uma discussão mundial, que não vem de hoje, na qual o Brasil está atrasado.

Teoria *versus* metodologia

Quando você procura um serviço médico, fica satisfeito ao saber que o laboratório, a clínica ou o profissional estão alinhados com o que há de mais moderno na medicina? Imagino que sim. Afinal, na prática médica, estratégias apoiadas em evidências otimizam a tomada de decisões, tanto para buscar a cura individual como a coletiva. As pesquisas podem levar anos ou até mesmo décadas para serem concluídas; no entanto, os resultados tendem a ser implementados tão logo seja possível, para a sorte de médicos e pacientes.

Um fato recente que exemplifica de modo profícuo como a comunidade científica não mede esforços para aplicar suas descobertas, quando necessário, foram as vacinas contra o vírus SARS-CoV-2,

---

47. BRITES, L. M. D. **Efeitos de um programa de estimulação da consciência fonológica em crianças de educação infantil no ambiente escolar**. 2021. Dissertação (Mestrado em Distúrbios do desenvolvimento) – Universidade Presbiteriana Mackenzie, São Paulo, 2021.

causador da covid-19. Menos de um ano após a Organização Mundial da Saúde (OMS) ter decretado a pandemia, em março de 2020, os cientistas desenvolveram imunizantes seguros e eficazes contra o novo coronavírus. É verdade que as novas vacinas foram criadas com base em tecnologias já existentes. Enquanto as de vírus inativados[48] se apropriaram da mesma técnica de imunizantes que previnem a gripe e a poliomielite, entre outras, as de RNA mensageiro[49] tiveram origem em estudos de vinte anos atrás. Isso não diminui, porém, o mérito dos pesquisadores por oferecer ao mundo, em tempo recorde, uma das principais armas para mitigar a maior crise sanitária do século.

Como vimos anteriormente, além de assumir formas distintas, as evidências científicas podem ser úteis em diferentes contextos – na medicina, na educação, no sistema jurídico, nas políticas públicas. Então o que explica a demora em implantá-las no Brasil no campo da alfabetização? A resposta pode ser mais complicada do que compreender como funcionam as técnicas de imunização, mas vou tentar resumir aqui.

No início do século XX, o advento dos estudos de psicologia voltados à educação também chegou ao Brasil. Na época, a psicologia e a pedagogia caminhavam juntas, como destaca o Renabe, em defesa da universalização da escola pública. Entretanto, as pesquisas eram direcionadas às metodologias, ignorando-se os processos de aprendizagem e de desenvolvimento. Isso felizmente começou a mudar a partir dos anos 1970, motivado pela proliferação dos estudos cognitivistas e

---

48. ENTENDA como funciona a tecnologia de vírus inativado usada na Coronavac. **Instituto Butantan**. Disponível em: https://butantan.gov.br/covid/butantan-tira-duvida/tira-duvida-noticias/entenda-como-funciona-a-tecnologia-de-virus-inativado-usada-na-coronavac. Acesso em: 27 jul. 2023.

49. PINHEIRO, C. Como funcionam as vacinas de RNA. **Veja Saúde**, 14 jan. 2022. Disponível em: https://saude.abril.com.br/coluna/tome-ciencia/como-funcionam-as-vacinas-de-rna/. Acesso em: 27 jul. 2023.

construtivistas no mundo inteiro. Tudo isso, de fato, contribuiu para que as crianças passassem a ser vistas como sujeitos ativos diante do próprio aprendizado; o que é positivo, claro. Por outro lado, as metodologias de ensino ficaram em segundo plano.

Houve também outro fator que favoreceu tamanha resistência: a redemocratização do país a partir de 1985. Na ânsia por novidades, a teoria ganhou destaque em detrimento da metodologia. Nem o surgimento de novas técnicas de investigação na neurociência nos anos 1990, a chamada década do cérebro, foi capaz de mudar esse cenário. De lá para cá, incontáveis estudos com foco em ensino e aprendizagem – considerando que as áreas de leitura e escrita estão entre as mais estudadas – resultaram em achados científicos que infelizmente não chegaram aos lugares onde eram mais necessários: as salas de aula. E as consequências desastrosas para a alfabetização podem ser vistas em diversas estatísticas – do Programa Internacional de Avaliação de Alunos (Pisa) ao Indicador do Alfabetismo Funcional (Inaf).

Quais são as concepções de alfabetização?

E no Brasil, a alfabetização baseada em evidências tem o devido espaço e reconhecimento? Infelizmente, não tanto quanto poderia e deveria ter. Uma das razões possíveis é que existe muita confusão em relação aos métodos de alfabetização, mesmo nos cursos de graduação. Então vamos lá! Os métodos de alfabetização podem ser divididos em dois grupos principais: os sintéticos e os analíticos. No primeiro grupo, incluem-se os métodos fônico, alfabético e silábico, ao passo que no segundo incluem-se os métodos global, palavração e sentenciação. Na tabela a seguir, você pode ver um resumo de cada um deles.

Concepções de alfabetização	
SINTÉTICOS: embasados em procedimentos que partem de unidades menores para chegar a unidades maiores (da parte para o todo).	**ANALÍTICOS:** as unidades apresentadas a princípio são unidades de significado, como palavras, frases ou textos (do todo para a parte).
Fônico: tem o objetivo de ensinar a correspondência entre letras e sons.	**Global:** propõe que a aprendizagem aconteça por meio da identificação visual da palavra, associando-se à palavra e seu significado.
Alfabético (soletração): o ensino ocorre com o reconhecimento das letras, por isso também é chamado de soletração.	**Palavração:** a palavra deve ser reconhecida graficamente por completo, sem a decomposição em sílabas, letras ou fonemas.
Silábico: o aprendizado começa pelas sílabas, formadas por consoante e vogal, até evoluir às mais complexas.	**Sentenciação:** o ponto de partida é a frase.

Como explica a educadora e pesquisadora Alessandra Gotuzo Seabra,[50] uma das pioneiras nos estudos da alfabetização baseada em evidências, a principal característica dos métodos sintéticos é que eles partem de unidades menores para chegar a unidades maiores (da parte para o todo). Isso quer dizer que os futuros leitores aprendem inicialmente as letras, os sons das letras e, por fim, as sílabas. Já os métodos analíticos, por sua vez, partem de unidades maiores (do todo para a parte) – os alunos são apresentados, a princípio, para unidades de significado, que podem ser palavras, frases ou textos.

50. SEABRA, A. G.; Dias N. M. Métodos de alfabetização: delimitação de procedimentos e considerações para uma prática eficaz. **Rev. Psicopedagogia**, São Paulo, v. 28, n. 87, p. 306-320, 2011.

Nos primeiros séculos do ensino de leitura e escrita, de acordo com Seabra, predominava o chamado método alfabético, cujo foco era o ensino das letras e seus respectivos nomes. O método fônico possivelmente surgiu no século XVI. Por aproximar fonemas e grafemas, essa abordagem promove uma ligação direta entre a escrita e a fala. Além disso, como nosso código alfabético tem uma base fonêmica, isso facilita o trabalho do cérebro na hora de codificar e decodificar.

Já o método global propõe a associação entre a palavra e seu significado, mantendo o foco no sentido dos textos. Essa metodologia, que também ficou conhecida por abordagem ideovisual, apareceu no século XVII e se popularizou no mundo inteiro ao longo do século XX; contudo, o trabalho sistemático com as unidades menores, isto é, a base da língua escrita, pode ficar em segundo plano e prejudicar o aprendizado.

Nesse intervalo, surgiram outras metodologias que, por vezes, foram aplicadas de maneira mista. Foi o caso da cartilha *Caminho suave*, usada no Brasil entre 1948 e 1990. No entanto, as abordagens fônica (também chamada de fonêmica) e global são as que estão no centro do debate hoje. Apesar de a alfabetização baseada em evidências demonstrar a eficiência da primeira (fônica), adotada em diversas partes do mundo, a segunda (global) ainda predomina no país.

Sempre em frente

"Mestre não é quem sempre ensina, mas quem de repente aprende", escreveu Guimarães Rosa no clássico *Grande sertão: veredas*. Algo que eu mesma comprovei como professora e pedagoga ao longo dos meus trinta anos de carreira, mas isso não significa que o professor deve abrir mão de seu papel de mediador, muito menos deixar de se apropriar de metodologias que o auxiliem nessa missão. É preciso lembrar ainda que o aprendizado depende diretamente de reações químicas que acontecem no cérebro, ou seja, é um processo biológico. E de que maneira o professor vai ensinar e, principalmente, alfabetizar sem ter a menor ideia de como o aluno aprende?

A educação não é obrigada a seguir uma teoria, ideologia ou método para sempre. Tudo isso muda, e nós precisamos ter a mente aberta para evoluir também. A sala de aula é o palco onde ocorre um dos espetáculos mais fantásticos: o processo de ensino e aprendizagem. Teoria e metodologia, com o respaldo da ciência, podem e devem se alinhar em torno desse objetivo comum.

Engana-se quem acha que estar por dentro das vantagens da alfabetização baseada em evidências é relevante apenas para profissionais de saúde e de educação. Saiba que você, pai, mãe ou responsável por alguma criança, também pode colocar esses conhecimentos em prática em casa. Eles são fundamentais tanto para mediar o processo de aprendizagem, quanto para avaliar se a metodologia utilizada pela escola atende às necessidades de sua criança.

Aliás, quantas vezes você comprou brinquedos ou outros materiais com o intuito de estimular seu filho e se perguntou até que ponto eles realmente ajudaram? Para sermos mais efetivos na hora de mediar o aprendizado infantil, nós, pais e educadores, precisamos entender os mecanismos cognitivos e desenvolvimentais envolvidos. Até porque, só posso ensinar se compreender como minha criança aprende.

Nas últimas décadas, os estudos sobre a aprendizagem da leitura se elevaram a um patamar científico indiscutível, graças à aplicação de experimentos em laboratórios e em trabalhos de campo que favoreceram a qualidade dos dados e das análises.[51] Reforço que, ao buscar novas abordagens educacionais, não estamos desmerecendo (muito

---

51. OLIVEIRA, J. B. A. (org.). **Alfabetização infantil**: novos caminhos. Brasília: Câmara dos Deputados, 2019. Disponível em: https://alfabetizacao.mec.gov.br/images/pdf/alfabetizacao_infanti_novos_caminhos_gastao_vieira.pdf. Acesso em: 27 jul. 2023.

menos insultando) as que foram aplicadas até agora, sobretudo quando o assunto é alfabetização. No entanto, enquanto essa discussão não avançar por todo o território nacional, o desempenho dos estudantes na leitura e na escrita permanecerá aquém do esperado, impactando não apenas o futuro de sua criança como o de toda a sociedade.

PARA SABER MAIS

Existem diversos modelos de estudo, visto que a escolha deve se adequar ao objetivo da investigação. Conheça os mais comuns.

Relato de caso	Artigo que foca na interpretação e na descrição de um caso individual, como se fosse uma história. Ainda que a evidência seja pouco significativa, a princípio é importante para levantar novas hipóteses.
Estudos de controle de caso	Comparação de pacientes com uma doença ou desfecho de interesse (grupo de casos/experimental) com outros que não têm a doença ou o desfecho (grupo de controle). A intenção é observar a frequência com que a exposição a um fator de risco ocorre em cada um dos grupos, assim como a relação entre o fator de risco e a doença.

Pesquisa de coorte	Estudo observacional de caráter epidemiológico, que compara a experiência de grupos expostos a outros não expostos a um fator (uma doença, um agente infeccioso, um medicamento etc.)
Ensaio controlado randomizado	Método que divide aleatoriamente os participantes em um grupo experimental ou de controle; costuma ser utilizado para testar uma abordagem terapêutica.
Revisão sistemática	Revisão abrangente de estudos relevantes sobre determinado tópico ou questão. A conclusão é o resumo dos dados colhidos.
Metanálise	Método estatístico usado para combinar resultados de dois ou mais estudos sobre a mesma questão.

Fonte: BRITES, L.; ALMEIDA, R. **Educação baseada em evidências**: o que todo professor precisa saber. Londrina: NeuroSaber, 2021.

"A sala de aula é o palco onde ocorre um dos espetáculos mais fantásticos: o processo de ensino e aprendizagem."

@lubritesoficial

Aprender a ler, ler para aprender

lfabetizar significa ensinar a ler e a escrever de acordo com um sistema alfabético, ou seja, aquele que representa com letras os sons da fala. Este é o conceito simples e direto, reconhecido e utilizado por inúmeros educadores, entre eles o pesquisador português José Morais.[52] Até aí, nenhuma novidade. Morais, entretanto, chama a atenção para outro fato: "Ser alfabetizado é ter um nível mínimo de habilidade que permita, por um lado, ler palavras e textos independentemente da sua familiaridade, mesmo sem compreender o que se lê, e, por outro lado, escrever qualquer enunciado mesmo sem conhecer o conteúdo do que se escreve".[53] Ler, portanto, não é compreender. Como assim?

Para explicar o que isso quer dizer, vou usar como exemplo uma história bastante divulgada quando o assunto é alfabetização.[54] Ao se tornar cego no fim da vida, o poeta inglês John Milton (1608-1674) teria ensinado as filhas a decodificar textos em diversas línguas,

---

52. MORAIS, J. **Alfabetizar para a democracia**. Porto Alegre: Penso, 2014.

53. *Idem*. p. 12.

54. MORAIS, J. **A arte de ler**. São Paulo: Editora Unesp, 2004.

incluindo o grego. Essa foi a maneira que ele encontrou para manter contato com os clássicos, mesmo depois de perder a visão. Elas os liam em voz alta, mas provavelmente não entendiam o conteúdo dos textos que caíam em suas mãos, por serem complexos e escritos em idiomas estrangeiros. Quem, de fato, compreendia era o pai. Em outras palavras, para ler, basta aprender a decodificar (a palavra escrita em um som) e a codificar (o som em uma palavra escrita), uma vez que o elemento utilizado para decifrar esse código é o alfabeto. No entanto, este é apenas o pontapé inicial.

Alfabetizar uma criança (ou adulto, se for o caso) pode e deve ir além. Segundo a Organização das Nações Unidas para a Educação, Ciência e Cultura (Unesco),[55] uma pessoa totalmente alfabetizada tem de ser capaz de identificar, entender, interpretar, criar, comunicar, calcular e usar materiais impressos e escritos associados a contextos variados. O que se destaca na definição da Unesco é essa espécie de hierarquia existente no processo, como se fosse uma escada na qual o futuro leitor deve subir degrau a degrau, mas, para chegar ao topo, antes ele tem de adquirir essas habilidades básicas apontadas por Morais.

Quem tem a intenção de alfabetizar deve, portanto, partir dessa premissa e estar ciente de que, a princípio, o aluno vai ler as palavras, depois as frases e, então, os textos. À medida que se tornar mais apto à decodificação do alfabeto, ele também conseguirá compreender e interpretar o que está lendo. Só depois de dominar a compreensão e a interpretação, ele será capaz de realizar inferências no texto, isto é, tirar as próprias conclusões com base nas informações lidas, tanto as implícitas como as explícitas.

Uma analogia que educadores do mundo inteiro lançam mão para representar esse processo é o modelo de cordas da especialista

---

55. TEIXEIRA, F. M. Alfabetização científica: questões para reflexão. **Ciênc. Educ.**, Bauru, v. 19, n. 4, p. 795-809, 2013. Disponível em: https://www.scielo.br/j/ciedu/a/cvyYXDxFtjVvMQygWwVTzrF/?lang=pt#. Acesso em: 27 jul. 2023.

"Uma pessoa totalmente alfabetizada tem de ser capaz de identificar, entender, interpretar, criar, comunicar, calcular e usar materiais impressos e escritos associados a contextos variados."

@lubritesoficial

em desenvolvimento da linguagem e alfabetização Hollis Scarborough[56] (veja a figura ao fim do capítulo). Imagine que as qualificações necessárias para ler e compreender um texto são como os fios que tecem uma corda. Cada uma dessas habilidades é um fio, e algumas delas exigem instrução sistemática e outras, não, assim como a consciência fonológica[57] e o raciocínio verbal. Enquanto os fios se entrelaçam, a leitura se torna mais "forte", isto é, automática e eficiente. Até porque é essa automatização que libera espaço na memória para a compreensão.

Por que alfabetizar?

Agora que já falamos sobre o que é alfabetizar, vamos para a próxima questão: por que alfabetizar? *Ah, essa é fácil*, alguns vão dizer. A criança precisa aprender a ler e a escrever para ser boa aluna. Sim, é verdade. A alfabetização é importante para que ela se destaque em todas as disciplinas, da Matemática à Geografia. Em primeiro lugar, é preciso aprender a ler e, depois, ler para aprender.

No entanto, a aquisição dessa técnica não é o objetivo em si, pois a alfabetização não serve apenas para decodificar as palavras e, assim, otimizar a aprendizagem – embora esse argumento seja mais que suficiente para valorizar e refletir sobre os métodos de ensino da leitura. Uma vez trabalhadas de modo eficiente desde o princípio, essas habilidades básicas serão a fundação para as demais: identificar, entender, interpretar, criar, comunicar e assim por diante.

Elas são o primeiro passo para que a escola se torne, lá na frente, um instrumento de transformação social. A alfabetização deixa marcas, afinal. Não estou exagerando quando digo que seu impacto é tão

---

56. BRASIL. Ministério da Educação. Secretaria de Alfabetização. **PNA – Política Nacional de Alfabetização**. Brasília, MEC/Sealf, 2019.

57. A consciência fonológica é a capacidade de perceber, pensar e manipular os sons das palavras (fonemas).

grande que alcança diferentes esferas da vida do leitor, influenciando tanto seu nível socioeconômico quanto o bem-estar; e essa correlação pode ser verificada em diversos estudos.

O maior nível de escolaridade não só aumenta as chances de um salário melhor como também diminui os riscos de demissão em tempos de crise. De acordo com estudo da Organização para a Cooperação e Desenvolvimento Econômico (OCDE),[58] que avaliou o cenário de pessoas de 25 a 64 anos, no Brasil, há um abismo social no mercado de trabalho entre os que têm e os que não têm diploma universitário. Os trabalhadores do primeiro grupo com renda de emprego em tempo integral ganham 144% a mais que os trabalhadores em tempo integral com apenas o Ensino Médio concluído. Além disso, dados do Programa Nacional por Amostra de Domicílio (PNAD) confirmam a relação entre educação e empregabilidade.[59] Em 2018, quando o índice de desemprego era de 11,8%, a taxa entre aqueles com Ensino Médio incompleto chegou a 20%, contra 6,2% entre os profissionais com Ensino Superior.

Como o nível socioeconômico e a saúde estão interligados, há benefícios diretos acerca da qualidade de vida. Uma pesquisa recente da Faculdade de Medicina da Universidade de São Paulo (FMUSP) mostrou que, ao lado do envelhecimento, a baixa escolaridade também

---

58. FAVERO, P. Maior nível de escolaridade aumenta as chances de ter um salário melhor. **Educar**, 8 set. 2020. Disponível em: https://www.terra.com.br/noticias/educacao/maior-nivel-de-escolaridade-aumenta-as-chances-de-ter-um-salario-melhor-afirma-estudo,e9c0ab94ffa16935fb0a594be894429fgaqxy4l9.html. Acesso em: 28 jul. 2023.

59. SILVEIRA, D., CAVALLINI, M. e GAZZONI, M. Desemprego é maior entre jovens, mulheres e trabalhadores sem ensino superior, **G1**, 23 fev. 2018. Disponível em: https://g1.globo.com/economia/concursos-e-emprego/noticia/desemprego-e-maior-entre-jovens-mulheres-e-trabalhadores-sem-ensino-superior.ghtml. Acesso em: 28 jul. 2023.

aumenta o risco de demência[60] – termo empregado para designar diversas condições, entre elas o Alzheimer. Sendo assim, o estudo conclui que o estímulo à escolaridade é uma das recomendações para envelhecer com saúde, tão essencial quanto fazer atividade física e se alimentar com equilíbrio.

Por fim, quando bem implementado, o processo de alfabetização pode contribuir para diminuir a desigualdade entre os alunos. Sabemos que as oportunidades não são as mesmas para todos, sobretudo em países em desenvolvimento como o nosso. Entretanto, diversos estudos mostram que, graças à plasticidade cerebral, ou seja, a capacidade do cérebro de se modificar conforme as necessidades e o ambiente, é possível compensar atrasos relacionados a condições socioeconômicas inferiores. Desse modo, as experiências vivenciadas pela criança, sejam positivas ou negativas, vão impactar a aprendizagem e o comportamento dela.

Outro ponto que vale destacar aqui são as chamadas "janelas de oportunidade", os períodos mais propícios para desenvolver determinadas competências com maior eficiência. Ainda que seja capaz de aprender por toda a vida, é na infância e na adolescência que o cérebro é excepcionalmente plástico. Razão pela qual existe, sim, uma idade ideal para aprender a ler e a escrever. Contudo, não se preocupe que voltaremos a esses temas mais adiante. Por ora, basta saber que a leitura transforma tanto a realidade do leitor como a do mundo ao seu redor.

Como tudo começou

Nos primórdios da comunicação por escrito, por volta de 2000 a.C., os seres humanos se comunicavam por meio de pictogramas,

---

60. QUANTO mais idoso e mais baixa a escolaridade, maior o risco de demência, mostra estudo. **Jornal da USP**, 27 ago. 2021. Disponível em: https://jornal.usp.br/ciencias/quanto-mais-idoso-e-mais-baixa-a-escolaridade-maior-o-risco-de-demencia-mostra-estudo/. Acesso em: 28 jul. 2023.

70 ALFABETIZAÇÃO: POR ONDE COMEÇAR

ou melhor, de desenhos.[61] É curioso pensar que ainda hoje as crianças também começam a se expressar dessa forma, não é mesmo? Naquela época, os caracteres representavam as próprias coisas – como os hieróglifos dos egípcios. Entretanto, o grande problema da chamada escrita ideográfica é que, com o tempo, os símbolos foram se tornando numerosos e complexos. Só para você ter uma ideia, eles chegavam a quase 700 (isso mesmo!), dificultando a leitura e a escrita. Imagine o trabalho para memorizar e interpretar cada um deles. Isso porque a compreensão dos desenhos é muitas vezes subjetiva: um círculo com riscos ao redor pode ser tanto o sol quanto uma aranha!

Assim, um grupo de comerciantes da Fenícia (atual Síria e Líbano) teve a ideia de mapear os sons da fala, criando um símbolo para cada som. A solução, então, foi trocar os pictogramas por sinais que representassem as sílabas, alterando o ponto de partida da escrita para o som das palavras. Essa mudança ocorreu por volta de 1400 a 1000 a.C. e deu origem às premissas do alfabeto atual, com 22 letras. Podemos perceber, desse modo, que o alfabeto que usamos hoje se baseia no fonetismo, isto é, na representação dos fonemas.[62]

Essa técnica foi adotada em diversos locais, incluindo a Grécia. Foram os gregos, aliás, que introduziram as vogais ao sistema. Por conta da influência da civilização grega, seu alfabeto foi incorporado por outros povos, como os etruscos, que viviam no norte da Itália em 600 a.C. Dali para chegar a Roma, sofrer mais algumas adaptações e se espalhar pelo resto do mundo por meio do latim foi um pulo.

---

61. CAGLIARI, L.C. **A história do alfabeto**. São Paulo: Paulistana, 2009.

62. Fonemas são as menores unidades sonoras que formam as palavras de uma língua.

Ainda que hoje exista uma infinidade de alfabetos, a base deles permanece similar: cada fonema é representado por um grafema.[63] Essa decomposição das palavras em unidades sonoras (fonemas) certamente facilitou o ensino e a aprendizagem da técnica entre populações tão distintas, mesmo com a incorporação de outros caracteres, como números, siglas, logotipos etc.

Aprender a ler e a escrever não é algo natural a ponto de provocar mudanças na estrutura cerebral, independentemente da idade da pessoa a ser alfabetizada. Por ser uma invenção cultural, esse processo requer um ensino explícito e sistemático e que leve em conta a origem do alfabeto (fonetismo) e a maneira que o cérebro aprende. Alfabetizar, portanto, depende de fatores cognitivos (como o desenvolvimento cerebral), sociais e ambientais (como estímulos e métodos adequados).

Um novo olhar sobre a alfabetização

Com base nas principais descobertas da ciência cognitiva da leitura, reuni três etapas fundamentais para entender o processo de alfabetização e, assim, ajudar sua criança nessa jornada. Desenvolvi essa abordagem ao longo de quase três décadas de profissão, visto que a última tem sido dedicada à capacitação de milhares de educadores no Instituto NeuroSaber, do qual sou cofundadora. Não é achismo, e sim alfabetização baseada em evidências científicas. A ideia é que ela se espalhe para facilitar a vida de quem será alfabetizado e, ao mesmo tempo, empoderar o alfabetizador (pais e professores que fazem parte desse processo), pois, como dizem, conhecimento engavetado é conhecimento morto.

---

63. Grafemas são as menores unidades de um sistema de escrita.

De modo resumido, as três etapas consistem em:

1. **um olhar neurocientífico** sobre a alfabetização, a fim de entender como o cérebro aprende a ler e a escrever;
2. **um olhar desenvolvimental** sobre a alfabetização, ou seja, compreender que se trata de um processo desenvolvimental, além de apresentar o que chamamos de habilidades precursoras;
3. **um olhar mediador**, com foco nas pessoas que são primordiais nesse processo, os mediadores.

Que fique claro que este material foi desenvolvido para todas as pessoas que tiverem interesse em aprimorar a alfabetização infantil – seja pai, seja educador. Em diversos momentos, faço questão de destacar a relevância da família na aprendizagem da leitura e da escrita. Você já deve estar pensando: "Claro, um exemplo vale mais que mil palavras". Concordo! Mas quando se trata de alfabetizar, o papel dos pais e demais cuidadores ultrapassa os hábitos de leitura deles.

Desde a época em que eu era professora de Educação Infantil, no início da carreira, em Londrina, sempre ouvi muitas questões dos pais sobre a alfabetização dos filhos. Dessa forma, prometo abordar esse assunto de maneira simples ao longo do livro, sem "pedagogês", com o intuito de enfatizar cada vez mais a parceria entre pais e escola. Você sabia que existe até mesmo um termo para designar a influência dos pais na alfabetização? Chama-se literacia familiar.

Abrindo um parênteses aqui: literacia é o conjunto de conhecimentos, habilidades e atitudes relacionados à leitura e à escrita, que pode ir do básico ao avançado (quando a pessoa faz uso produtivo dessa habilidade: adquirindo, transmitindo e/ou produzindo conhecimento).[64] De acordo com relatório "Developing Early Literacy", do National Early Literacy Panel (NELP), síntese de pesquisas realizada

---

64. MORAIS, J. **Alfabetizar para a democracia**. Porto Alegre: Penso, 2014.

pelo governo estadunidense a respeito do desenvolvimento das habilidades da escrita e da leitura em crianças de 0 a 5 anos, a participação dos pais é diretamente proporcional ao sucesso dos filhos na alfabetização, o que ocorre de diversas formas, seja lendo para as crianças, seja conversando com elas, entre outros tipos de interação, assunto que vamos retomar no capítulo 6.

A boa notícia é que cada vez mais pais e educadores estão se engajando nessa missão. O maior obstáculo é a falta de conhecimento sobre os mecanismos neurais envolvidos na leitura e de que forma eles podem potencializar o aprendizado dentro e fora da sala de aula. *Mas, Luciana, como você sabe que isso vai dar certo?* Minha resposta é... já deu certo! No capítulo 9, trago diversos casos inspiradores de ciência aplicada ao ensino não só em nações ricas como também em países em desenvolvimento, como o Brasil.

É hora de assumirmos essa responsabilidade ou, como gosto de ressaltar, de sermos a luz do mundo e o sal da terra. As reformas que vêm de cima para baixo são fundamentais, mas aquelas que revolucionam a educação de verdade surgem de baixo para cima, mais precisamente no chão da escola.

Muitos fios se tecem para uma leitura hábil

Leitura hábil

Execução fluente e coordenação de reconhecimento de palavras e compreensão de textos

Cada vez mais estratégico

Cada vez mais automático

Compreensão da linguagem

Conhecimento prévio
Fatos e conhecimentos

Vocabulário
Amplitude, precisão, articulação etc.

Estruturas da língua
Sintaxe, semântica etc.

Raciocínio verbal
Inferência, metáfora etc.

Conhecimentos de literacia
Familiaridade com livros e textos impressos

Reconhecimento de palavras

Consciência fonológica
Sílabas, fonemas etc.

Decodificação
Conhecimento alfabético, correspondência fonema–grafema

Reconhecimento automático
De palavras familiares

Fonte: PNA (BRASIL, 2019, p. 29)

Um olhar neurocientífico sobre a alfabetização

Acompanhar a evolução de uma criança é surpreendente. O que se passa na cabeça dela? Será que ela entende tudo o que eu falo? Como aprende tão rápido? Essas são apenas algumas questões que rondam a mente de pais, mães e educadores ao longo dessa jornada. E se eu contar para você que atualmente conseguimos responder a boa parte delas? Pois é. As pesquisas a respeito do desenvolvimento e do comportamento cerebral se tornaram mais comuns nos anos 1990, com o advento de tecnologias que permitiam a investigação do cérebro "em ação" em diferentes situações.[65] Assim foi possível relacionar, em tempo real, quais regiões específicas são ativadas enquanto elas realizam várias atividades, da brincadeira à leitura. Os resultados deram um novo rumo às hipóteses de décadas anteriores, gerando certezas e novas evidências. Tanto que esse período passou a ser chamado pelos cientistas do mundo inteiro de "a década do cérebro", como você já leu por aqui, e deu origem à neurociência cognitiva.

65. FUNCIONAMENTO cerebral no processo de desenvolvimento infantil. **NeuroSaber**, 19 jul. 2016. Disponível em: https://institutoneurosaber.com.br/funcionamento-cerebral-no-processo-de-aprendizagem-infantil/. Acesso em: 28 jul. 2023.

Foi daí que emergiu um novo campo de conhecimento inteiramente voltado à alfabetização: a ciência cognitiva da leitura. Recapitulando a definição apresentada na introdução do livro, trata-se de um conjunto de evidências, resultantes de pesquisas científicas, sobre o que acontece no cérebro durante a leitura e a escrita. A ciência cognitiva da leitura tem por objetivo descrever os processos linguísticos, cognitivos e cerebrais relacionados à aprendizagem e ao ensino das habilidades de leitura e escrita, e um de seus principais desafios é responder como aprendemos a ler.

Vale lembrar que alfabetizar significa ensinar a ler e a escrever de acordo com um sistema alfabético, mas esse processo não é um fenômeno natural, e sim aprendido. Se nascer saudável e tiver oportunidade, uma criança aprende a caminhar e a falar sem maiores problemas, porque o cérebro dela foi programado para isso. Para ler e escrever, no entanto, a estrutura cerebral sofre algumas adaptações ao longo do caminho. Mas, além de ser curioso, por que você precisa saber tudo isso? Uma vez que o cérebro é o órgão da aprendizagem, entender como ele funciona faz diferença tanto para agilizar o ensino e a aprendizagem, quanto para intervir se necessário. Então vem comigo!

O cérebro e a leitura

Por definição, a leitura é o ato de processar informações por meio da transformação da fala ou da escrita em significado. Isso requer um sistema mental de processamento de informações a fim de relacionar o que é visual e o que é sonoro. Sendo assim, o cérebro do leitor tem de desenvolver a capacidade de decodificar os processos gráficos (letras) em processos fonêmicos (sons).

A leitura é orquestrada por múltiplas regiões interdependentes do cérebro, cuja ação coordenada envolve desde o reconhecimento das palavras à compreensão do texto escrito. Entre as áreas ativas na leitura e suas respectivas funções, vale citar o lobo temporal superior (decodificação de letras); o córtex parietal (movimentos oculares); o córtex occipitotemporal (onde se encontra a área do reconhecimento visual das palavras, da qual falaremos a seguir); o córtex visual (associações para a identificação visual de letras e palavras). As áreas de Wernicke e Broca, indispensáveis à comunicação oral, também fazem parte do processo de leitura.

Além das regiões citadas, o processamento cognitivo da leitura é regido pelas funções executivas cerebrais, ou seja, atenção, planejamento, organização, automonitoramento e memória operacional, e pela memória de curto e longo prazos, mas isso não é tudo. Para reconhecer uma palavra em apenas 170-200 milissegundo,[66] como a maioria dos leitores fluentes, o cérebro passa por uma verdadeira revolução, como costuma dizer o neurocientista Stanislas Dehaene. Com o apoio de métodos de imagem por ressonância magnética (MRI) e da microscopia, que avançaram significativamente nas últimas décadas, Dehaene foi um dos primeiros a mostrar que a aquisição da leitura modifica a estrutura do cérebro.

Além de confirmar que a leitura tem início como qualquer outro estímulo visual no cérebro, ou seja, ativando áreas genéricas responsáveis pela visualização, Dehaene observou que os estímulos se movem para outra área, a qual o cientista nomeou de área da forma visual das palavras (AFVP) ou simplesmente caixa de letras cerebral. Nessa região, onde ocorre o reconhecimento da palavra escrita, são ativadas pelo menos mais duas redes neurais, a primeira relacionada ao significado da palavra, e a segunda, à pronúncia e à articulação da palavra.

O aprendizado da leitura, portanto, faz com que o cérebro crie um caminho para ligar as áreas da linguagem (processamento fonológico) com as da visão (processamento visual). Dessa forma, ao ver ou ouvir uma palavra, o órgão ativa as mesmas regiões para traduzir

66. DEHAENE, S. **Os neurônios da leitura, como a ciência explica nossa capacidade de ler**. Porto Alegre: Penso, 2012.

Uma visão moderna das redes corticais da leitura

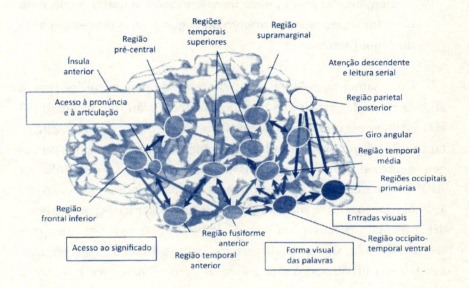

Fonte: DEHAENE, S. Os neurônios da leitura: como a ciência explica a nossa capacidade de ler. Porto Alegre: Penso, 2012.

esses caracteres em som e sentido e vice-versa. Em resumo, a "mágica" da leitura consiste em conectar o sistema visual e o sistema da linguagem falada, com o apoio da caixa de letras cerebral.

Em palestra promovida pela World Innovation Summit for Education (WISE),[67] Dehaene afirmou que:

> **Essa microestrutura (AFVP) indica que a conexão entre as áreas dos sons e das letras se reforça à medida que a gente aprende**

67. HOW the Brain Learns to Read – Prof. Stanislas Dehaene. 2013. Vídeo (33 min). Publicado pelo canal WISE Channel. Disponível em: https://www.youtube.com/watch?v=25GI3-kiLdo. Acesso em: 28 jul. 2023.

a ler e a escrever. É uma mudança sutil, porém é uma mudança anatômica. Por meio dessa transformação, o cérebro cria uma nova forma do processamento da linguagem: o processamento da linguagem escrita.

Curiosamente, a AFVP, com diferença de poucos milímetros, é ativada em todas as pessoas quando elas leem, não importa de onde elas venham ou que língua falem. Para que isso seja possível, entretanto, ocorre um processo adaptativo que Dehaene chama de reciclagem neuronal. Antes de serem usados para a leitura, os neurônios da AFVP eram utilizados para reconhecer rostos, corpos e objetos. Após a alfabetização, eles se "desviam" de suas funções iniciais para responder a formas artificiais (ou seja, o alfabeto). Isso significa que, para ser alfabetizado, nosso cérebro se molda ao ambiente, convertendo a outro uso predisposições já presentes desde o nascimento, como a compreensão da língua falada e o reconhecimento visual. O mais interessante é que, ao entrar na escola, o bebê já possui essas ferramentas necessárias para aprender a ler e a escrever.

As vantagens da abordagem fonêmica

Essas descobertas impactam, e muito, a alfabetização. Em primeiro lugar, elas demonstram que os processamentos dos sons e das imagens (lembrando que as letras do alfabeto também são imagens) estão interligados no cérebro. Isso significa que o órgão prioriza essa associação de letras e sons, o que também chamamos de correspondências grafofonêmicas. No entanto, a escolha dos métodos de alfabetização parece não levar em conta que a abordagem fônica vai ao encontro de tais processos cerebrais nem que nosso código alfabético tem uma base fonêmica. Essa se transformou em uma das maiores disputas no campo da pedagogia e da educação no Brasil atualmente e da qual você, pai, mãe ou professor, não pode ficar de fora.

Não faltam estudos que comprovam as vantagens desse tipo de

abordagem com crianças em sala de aula. Um deles,[68] realizado nos Estados Unidos pelo Massachusetts Institute of Technology (MT) em parceria com outras universidades estadunidenses, sugere que a principal vantagem da instrução fônica está em auxiliar o aluno a compreender e aplicar na leitura e na escrita o princípio alfabético, ou seja, o entendimento de que as palavras são formadas por letras e de que as letras representam sons, o que, segundo os pesquisadores, produz leitores mais hábeis e independentes.

Os benefícios da abordagem fônica também podem ser observados entre crianças com dislexia e problemas de leitura e escrita.[69] A explicação está no fato de que boa parte das dificuldades das crianças se deve ao processamento fonológico, o que pode ser mitigado ou solucionado com a ajuda de atividades fônicas e metafonológicas em diversos níveis escolares, como demonstram pesquisas nacionais e internacionais.

Uma dúvida que surge com frequência entre os educadores é se o método de alfabetização faz diferença de uma língua para outra, pois a alfabetização baseada em evidências é uma prática mundial, com estudos realizados em vários idiomas. De fato, existem graus de transparência entre eles – as correspondências entre letra e som são mais claras em português do que em inglês, por exemplo. No entanto, a abordagem fônica é utilizada com sucesso para alfabetizar em diferentes códigos alfabéticos e, por isso, é recomendada pelos governos de Portugal, França, Chile, Itália, Inglaterra e Estados Unidos, além de ser o método-padrão em Cuba, Israel, Canadá, Bélgica e Alemanha.[70]

68. RAYNER, K. *et al.* How Psychological Science Informs the Teaching of Reading. **Psychological Science In The Public Interest**, v. 2, n. 2, p. 31-74, 2001.

69. SEABRA, A. G.; Dias N. M. Métodos de alfabetização: delimitação de procedimentos e considerações para uma prática eficaz. **Rev. Psicopedagogia**, São Paulo, v. 28, n. 87, p. 306-320, 2011.

70. ENTENDA o que é o método fônico, que o MEC privilegia em sua política de alfabetização. **O Globo**, 20 mar. 2019. Disponível em: https://oglobo.globo.com/

"Independentemente da língua, alfabetizar não se resume a ensinar uma pessoa apenas a ler, e sim a ler e escrever."

@lubritesoficial

Independentemente da língua, alfabetizar não se resume a ensinar uma pessoa apenas a ler, e sim a ler e escrever. Começamos pela leitura porque a decodificação de letras em sons é adquirida antes do que a expressão motora, isto é, a escrita. Pode parecer um detalhe irrelevante, mas saber qual das duas habilidades desponta primeiro é fundamental para a criação das melhores estratégias em prol da alfabetização – seja para o professor planejar as aulas, seja para os pais e demais cuidadores estimularem a criança adequadamente.

O cérebro e a escrita

De maneira simples, podemos definir a escrita como a capacidade de codificar os sons por meio de sinais gráficos correspondentes. Em outras palavras, trata-se da habilidade motora fina responsável pela grafia, que requer automaticidade na recuperação e na produção de letras do alfabeto e velocidade de movimentos sequenciais dos dedos.[71]

Em relação às áreas cerebrais envolvidas na escrita, sabemos que o giro angular faz a comunicação e o processamento do córtex temporal (recepção da informação auditiva), ao passo que o giro fusiforme faz as relações silábicas e as uniões entre os sons e as grafias. Ainda participam do processo: o córtex parietal, que faz a distribuição espacial, e o córtex frontal (mais especificamente, a área de broca, ligada à fala). Assim como no processamento da leitura, o processamento da escrita também emprega as funções executivas cerebrais para o planejamento, a organização, o controle inibitório e a expressão motora (também realizada pela área motora primária).

Antigamente, acreditava-se que as habilidades de leitura e escrita se desenvolviam de maneira independente, ou seja, cada uma era

brasil/educacao/entenda-que-o-metodo-fonico-que-mec-privilegia-em-sua-politica-de-alfabetizacao-23536565. Acesso em: 28 jul. 2023.

71. Para saber mais, temos um Programa Especializado em NeuroAprendizagem NeuroSaber (PENNSA). Acesse: https://institutoneurosaber.com.br/curso/pennsa/.

considerada um domínio específico. Essa concepção mudou em meados de 1980, quando a psiquiatra alemã Uta Frith, pioneira nos estudos do autismo e da dislexia, apontou que determinados processos necessários para o desenvolvimento da ortografia influenciavam a aquisição da leitura.[72] Hoje sabemos que as habilidades de leitura e escrita se desenvolvem, interagindo entre si. Essa teoria ganhou o nome de modelo integrativo de desenvolvimento da linguagem escrita.

Segundo Frith, o desenvolvimento da leitura e da escrita passa por três fases. A primeira delas é chamada de logográfica, na qual a criança reconhece as palavras de maneira global, assim como o faz com rostos e objetos. Desse modo, ela consegue "ler" algumas palavras, apenas por ter memorizado sua representação, da mesma forma que faz com uma marca ou desenho. Ao observar a embalagem de um refrigerante, por exemplo, ela sabe e até repete em voz alta que ali está escrito Coca-Cola ou Fanta, mas, na verdade, apenas mencionou o que a palavra representa, sem decodificá-la. Isso obviamente condiciona o aprendizado de novos vocábulos à capacidade do cérebro em memorizá-los.

Já a segunda fase, conhecida como alfabética, caracteriza-se pelo início da associação da cadeia de palavras à sua pronúncia. Para passar para esse estágio, portanto, o futuro leitor precisa apresentar um mínimo de consciência fonológica, ou seja, ser capaz de manipular sons, sílabas e palavras de maneira autônoma. Ele começa a entender que as palavras podem ser divididas em sons e mapeadas por letras. Por esse motivo, costumo brincar que nessa etapa o aluno se transforma nos primeiros fenícios, aqueles que criaram a base de nosso alfabeto (relacionando letras e sons) milhares de anos atrás.

---

72. SARGIANI, R. A. **Fases iniciais da aprendizagem da leitura e da escrita em português do Brasil**: efeitos de fonemas, gestos articulatórios e sílabas na aquisição do mapeamento ortográfico. 2016. Tese (Doutorado em Psicologia) – Universidade de São Paulo, São Paulo, 2016. Disponível em: https://www.teses.usp.br/teses/disponiveis/47/47131/tde-07102016-182310/publico/Sargiani.pdf. Acesso em: 28 jul. 2023.

Por fim, a terceira e última fase é chamada ortográfica. Nessa etapa, o futuro leitor já identifica visualmente as palavras por seu conjunto de letras. O reconhecimento de palavras ocorre quando o cérebro acessa representações internas armazenadas de sequências abstratas de letra por letra, visto que as representações ortográficas usadas na leitura são precisas o suficiente para serem transferidas para a escrita.

Isso demonstra, portanto, que aprendemos a ler antes de aprender a escrever. Aliás, a criança só consegue escrever uma palavra sem pensar sobre os fonemas envolvidos nos estágios mais avançados da alfabetização, o que pode levar anos.[73] Da mesma forma que ocorre na leitura, os processos básicos da escrita também precisam ser automatizados para não interferir nos mais complexos, como a escrita fluente e criativa.

Infelizmente, há menos estudos a respeito da arquitetura cerebral da escrita que da linguagem e da leitura. Entretanto, está mais que comprovado que a princípio existe maior envolvimento dos sistemas somatossensoriais e visuais, evoluindo para o envolvimento de redes neurais especializadas,[74] conforme aumenta a habilidade escrita do aprendiz. Além disso, sabemos que as regiões do processamento cognitivo da escrita, como era de se imaginar, interagem com as redes neurais da linguagem e da leitura. Concluindo, tanto o cérebro da leitura quanto o cérebro da escrita "pegam carona" no cérebro da linguagem oral.

A hierarquia da leitura

Identificar e escrever letras e palavras é apenas o primeiro estágio de um longo processo cerebral, que vai levar ao objetivo principal da

---

73. OLIVEIRA, J. B. A. (org.). *op. cit.*

74. BRASIL. Ministério da Educação. Secretaria de Alfabetização. **Relatório Nacional de Alfabetização Baseada em Evidências (Renabe).** Brasília, DF: MEC/Sealf, 2021. Disponível em: https://www.gov.br/mec/pt-br/media/acesso_informacao/pdf/RENABE_web.pdf. Acesso em: 28 jul. 2023.

alfabetização: a compreensão. A aquisição dessa complexa habilidade segue uma ordem hierárquica: som, sílaba, palavra, frase e texto. Para alcançar o último, o leitor deve dominar os anteriores. Por essa razão, a alfabetização parte de palavras regulares, cuja grafia corresponde ao som (como pato e bola), até chegar às irregulares (sem correspondência grafia-som, como hora, casa, girafa, entre outras com letras que representam mais de um som), assim como de palavras curtas às mais longas.

Afinal, é preciso aprender a ler e, depois, ler para aprender, lembra? Philip Gough, professor emérito de Psicologia da Universidade do Texas, nos Estados Unidos, reconhecido mundialmente por seus estudos sobre leitura, criou uma fórmula para explicar essa definição.

$$CL = RP \times CA$$

CL: Compreensão da Leitura

RP: Reconhecimento de Palavras

CA: Compreensão Auditiva

Conseguiu perceber que, de acordo com a fórmula, se RP ou CA for igual a zero, o produto final também será zero? Isso quer dizer que, na leitura, a capacidade de reconhecer e a capacidade de compreender as palavras são igualmente relevantes. À medida que a criança se torna proficiente na identificação das palavras, sua atenção se volta à compreensão, pois, como o cérebro tem limites de capacidade de processamento, as habilidades fundamentais devem estar automatizadas para evitar que tomem o espaço de habilidades mais complexas como a compreensão de texto.[75]

Em vez de dizer que, ao dominar a decodificação, a criança vai começar a ler e a escrever as palavras automaticamente, prefiro usar

75. BRASIL, *op. cit.*

o advérbio "rapidamente", porque automático é algo que se faz sem consciência. E isso pode levar alguns a crer que a criança não vai ser impactada pela leitura dessa forma, sendo que ocorre exatamente o contrário: a fluência (isto é, rapidez e precisão na decodificação) aumenta as chances de compreensão. Antes de se tornar um bom leitor, a criança deve ser, portanto, um bom decodificador.

Ainda hoje muitos educadores acreditam, a despeito das evidências, que basta expor uma criança a textos variados para ela se tornar fluente com o tempo. Conforme ressalta Jean-Émile Gombert, professor de Psicologia do Desenvolvimento Cognitivo da Universidade de Rennes II, na França, a automatização requer treino, tanto da leitura quanto da escrita. Mas é preciso ir além. "Para que essa prática seja importante, na sala de aula e em casa, é necessário que as atividades propostas suscitem e desenvolvam nos alunos a vontade de ler, a vontade de escrever", conclui o especialista.[76] A aprendizagem sistemática e o prazer de ler são complementares, e não opostos, conforme destaca Gombert.

Podemos dizer então que, ao desvendar os mecanismos que fazem parte da aprendizagem, a ciência cognitiva da leitura conseguiu distinguir crenças preestabelecidas de fatos com comprovação científica, ou seja, o que realmente funciona do que não funciona. E uma de suas principais conclusões foi que o ensino explícito e sistemático da leitura e da escrita com o apoio da abordagem fônica é um dos caminhos mais eficazes à alfabetização.

---

76. BRASIL. Ministério da Educação. Secretaria de Alfabetização. **PNA – Política Nacional de Alfabetização**. Brasília, DF: MEC/Sealf, 2019.

PARA SABER MAIS

A abordagem fonética também apresenta ganhos na alfabetização de adultos, como demonstra o estudo a seguir.

Uma pesquisa feita em 2017, no Hospital Sarah Kubitschek, em Brasília, por uma equipe de neurocientistas internacionais, incluindo Stanislas Dehaene e a brasileira Lúcia Braga, avaliou a evolução da rede neuronal ligada à leitura ao longo do processo de alfabetização de uma pessoa adulta. Ao longo de quase dois anos, o voluntário de 45 anos fez aulas para aprender a ler na própria instituição e foi submetido a vinte exames de ressonância magnética no cérebro. Nesse intervalo, o participante foi do analfabetismo total a um nível modesto de decodificação alfabética.

Inicialmente, o cérebro do voluntário não acionava os circuitos neurais de leitura quando era exposto às palavras, mas aos poucos observou-se nos exames de imagem uma ativação mais intensa na AFVP, entre outras modificações, assim como uma diminuição no reconhecimento de faces, o que é esperado durante a alfabetização de qualquer pessoa. De modo geral, os resultados indicaram que, graças à plasticidade do cérebro (a capacidade de adaptação), o órgão pode se modificar em resposta a palavras escritas e faces mesmo em um adulto que nunca tenha ido à escola.

Entretanto, outro detalhe da pesquisa chama a atenção: o processo de aquisição da leitura. Como os pesquisadores observaram que o voluntário ainda não era capaz de realizar a síntese silábica (ou seja, juntar as sílabas para formar uma palavra) após 16 meses, eles decidiram adicionar o método fônico, com ênfase na consciência fonológica, o que acelerou o processo de alfabetização.

Fonte: BRAGA, L. W. *et al.* Tracking Adult Literacy Acquisition With Functional MRI: A Single-Case Study. **Mind, Brain, and Education**, v. 11, n. 3, p. 121-132, 2017. Disponível em: https://onlinelibrary.wiley.com/doi/10.1111/mbe.12143. Acesso em: 28 jul. 2023.

Um olhar desenvolvimental sobre a alfabetização

Se todo pai, mãe, professor ou demais cuidadores de uma criança entendessem um pouco sobre o desenvolvimento na infância, muito do trabalho da educação seria otimizado. Um exemplo clássico é a birra. Os ataques, que podem ir dos 6 meses aos 6 anos, geralmente estão ligados à imaturidade emocional e neurológica dos pequenos.[77] Isso porque o córtex frontal, responsável pelo controle das emoções, amadurece somente no início da vida adulta. Haja paciência, não é? Por outro lado, ao compreender cada fase da infância, os adultos podem adotar técnicas que realmente funcionam para prevenir e contornar os ataques. Pode-se dizer a mesma coisa sobre a alfabetização.

O aprendizado da leitura e da escrita dependem de processos cognitivos, desenvolvimentais e emocionais da criança, os quais você pode e deve conhecer para potencializar essa conquista. Potencializar, nesse caso, significa saber quais características devem ser desenvolvidas, como, quando e por que desenvolvê-las. Para chegar lá, a primeira coisa que você precisa saber é: a alfabetização

---

77. GUERREIRO, C. Por que as crianças fazem birra? **Crescer**, 23 set. 2018. Disponível em: https://revistacrescer.globo.com/Criancas/Comportamento/noticia/2018/09/por-que-criancas-fazem-birra.html. Acesso em: 28 jul. 2023.

começa bem antes de a criança aprender as letras do alfabeto. Isso mesmo. Por isso, costumo dizer que ler e escrever é a cereja do bolo. Antes, porém, devemos preparar a massa, o recheio, a cobertura... O que requer inúmeros ingredientes, como consciência fonológica, conhecimento alfabético, nomeação automática rápida, entre outros, sobre os quais vamos conversar ao longo deste capítulo. Pronto para colocar as nãos na massa?

As fases da literacia

Como você já sabe, literacia é o conjunto de conhecimentos, habilidades e atitudes relacionado à leitura e à escrita, bem como sua prática produtiva. O termo é utilizado em Portugal e demais países lusófonos, além de ser frequente em outras línguas também — como o inglês (*literacy*) e o francês (*littératie*). A escolha dessa terminologia (no lugar de letramento, como utilizam alguns) se deve ao fato de ser utilizada nas pesquisas científicas com foco na alfabetização no mundo inteiro. Melhor, então, nos apropriarmos dos termos corretos para falar a mesma língua que os estudiosos da área, concorda?

Há três níveis de literacia: básica, intermediária e disciplinar. *Nossa, Luciana, quanto "pedagogês"!* Saiba que discernir cada uma dessas fases é importante não só para professores alfabetizadores como também para aqueles de outras séries, visto que as estatísticas mostram que , no país, alunos de todas as idades ainda estão com dificuldades na leitura. Por isso, é essencial que pais e educadores entendam que o aprendizado da leitura e da escrita acontece de maneira hierárquica, como falamos no capítulo anterior, e todas as etapas são necessárias para a criança chegar ao ápice desse processo.

A literacia básica compreende o período da pré-escola até o 1º ano do Ensino Fundamental. Nessa fase, espera-se que a criança adquira habilidades que, como o próprio nome diz, são a base da alfabetização: a decodificação (leitura) e a codificação (escrita). A literacia básica abrange ainda o desenvolvimento do vocabulário e da consciência fonológica (a capacidade de perceber, pensar e manipular os sons das palavras, que vamos esmiuçar logo mais), entre outras qualidades fundamentais para o aprendizado da leitura e da escrita que vão além do alfabeto.

Já a literacia intermediária inclui o trabalho de habilidades mais sofisticadas, como a fluência em leitura oral, regras ortográficas, significados de palavras comuns e compreensão genérica de textos. Sendo assim, nesta etapa, a criança começa a utilizar a leitura como um meio para amplificar seus conhecimentos — ou seja, aqui tem início o "ler para aprender". Idealmente, tais habilidades devem ser adquiridas do 2º ao 5º ano do Ensino Fundamental.

Por fim, chegamos à literacia disciplinar, na qual devem se encontrar os alunos do 6º ano ao Ensino Médio. Nessa etapa, as habilidades de leitura já são aplicadas a conteúdos específicos de disciplinas, como história, geografia, biologia e até mesmo matemática — afinal, a matéria não se resume a números, ela também é um tipo de linguagem.

Mas a literacia é um termo ainda mais abrangente. Dentro da literacia básica, existe também a literacia emergente.[78] Como assim? A literacia emergente compreende todos os conhecimentos, habilidades e experiências relacionadas à escrita e à leitura que a criança tem de desenvolver ANTES do processo formal de alfabetização. Vale salientar que eles são adquiridos de maneira formal e informal, isto é, dentro e fora da escola, ao longo da primeira infância (período entre 0 e 6 anos). E quais seriam esses conhecimentos, habilidades e experiências? É o que vou lhe apresentar a seguir.

Habilidades precursoras da alfabetização

As revisões de estudos sobre o ensino e a aprendizagem da leitura e da escrita, citadas anteriormente, identificaram as principais capacidades

78. BRASIL. *op. cit.*

"A primeira coisa que você precisa saber é: a alfabetização começa bem antes de a criança aprender as letras do alfabeto."

@lubritesoficial

que fundamentam uma alfabetização de qualidade, em maior ou menor grau. Segundo o National Early Literacy Panel (NELP),[79] elas predizem o sucesso da aquisição da leitura e da escrita, portanto, o ideal é que sejam desenvolvidas ainda na Educação Infantil. Além dos aspectos cognitivos, que vimos no capítulo anterior, essas características são pré-requisitos essenciais para todos os programas de alfabetização e, não por acaso, costumam ser recomendadas em diversos países.

Chamadas de precursoras, emergentes ou preditoras, essas habilidades podem ajudar crianças, adolescentes e adultos, assim como alunos atípicos, a se tornarem leitores. Aqui vamos refletir sobre as mais relevantes, considerando ainda as etapas do neurodesenvolvimento infantil. Confira:

1) Conhecimento alfabético

O termo diz respeito ao conhecimento das crianças sobre os nomes, as formas e os sons das letras. O ideal é que o alfabeto seja apresentado ao futuro leitor a partir dos 4 anos nessa ordem: nome, forma e som da letra. Assim, ao passo que explica o nome da letra, o adulto pode mostrar uma imagem com a forma letra e repetir o som equivalente.

E por que começamos a alfabetização com o ensino das vogais? Porque os nomes das vogais são basicamente iguais aos seus respectivos sons, o que facilita a compreensão. Além de serem os sons mais fáceis, digamos assim, as vogais são a base das sílabas. Na sequência, podem ser apresentadas as consoantes, começando por aquelas cujos sons são mais longos e simples de identificar auditivamente, como o "f", o "m" e o "l". Como você pode observar, todas as habilidades

---

79. NATIONAL INSTITUTE FOR LITERACY. **Developing Early Literacy**: Report of the National Early Literacy Panel. EUA: ED Pubs, 2008. Disponível em: https://lincs.ed.gov/publications/pdf/NELPReport09.pdf.. Acesso em: 13 nov. 2022.

precursoras estão relacionadas e, para que sejam alcançadas antes do início do Ensino Fundamental, a prática deve ser constante, de 10 a 15 minutos por dia. Devagar e sempre, de maneira lúdica, estruturada e sistemática.

A influência do conhecimento alfabético é gigantesca na Alfabetização, sendo um dos fatores e indicadores mais importantes para medir seu sucesso. O conhecimento do som das letras é um pré-requisito para a identificação eficaz das palavras. A principal diferença entre leitores bons e ruins é a capacidade de usar correspondência letra-som para identificar palavras.[80]

2) Consciência fonológica

Os primeiros trabalhos a respeito dessa habilidade fundamental para a alfabetização da qual tanto se fala hoje em dia são da década de 1970.[81] A consciência fonológica (também citada nos estudos pela sigla CF) compreende dois níveis:[82] a consciência de que a língua falada pode ser segmentada em unidades distintas — a frase pode ser segmentada em palavras; as palavras em sílabas e as sílabas em fonemas; e a consciência de que essas mesmas unidades se repetem em diferentes palavras faladas. De maneira simples, consiste em "tomar ciência" de que a fala pode ser fragmentada em unidades (fonemas) que, por sua vez, podem ser rearranjadas para formar palavras. Porque não basta apenas mostrar letras e formas, antes disso é preciso fazer com que as crianças tenham contato com seus respectivos sons.

80. JUEL, C. Beginning reading. In: BARR, R.; KAMIL, M.L.; MOSENTHAL, P.B.; PEARSON, R.D. (eds.). **Handbook of reading research**. New York: Longman, 1991. v.2, p.759–788.

81. LIBERMAN, I. Y. et al. Explicit syllable and phoneme segmentation in the young child. **Journal of experimental child psychology**, v. 18, n. 2, p. 201–212, 1974

82. BYRNE, B.; FIELDING-BARNSLEY, R. Phonemic awareness and letter knowledge in the child's acquisition of the alphabetic principle. **Journal of educational psychology**, v. 81, n. 3, p. 313–321, 1989.

Se você já pesquisou sobre o tema, provavelmente deve ter se deparado com outro termo similar: a consciência fonêmica. Embora parecidos, são conhecimentos diferentes e complementares. Enquanto a consciência fonológica envolve a manipulação auditiva e oral dos sons das palavras faladas (sílabas, rimas etc.), a consciência fonêmica está relacionada à manipulação auditiva e oral das menores unidades de som (fonemas).

Esses componentes podem ser divididos em habilidades, partindo de aspectos mais simples, desde a consciência de rimas, passando pela aliteração e pela consciência de sílabas, até que se ascenda à consciência fonêmica, habilidade mais sofisticada da consciência fonológica. Ou seja, por volta dos 4 anos, a criança já se beneficia de atividades que despertam a consciência fonológica. Entre as mais eficazes, da mais simples à mais complexa, estão:

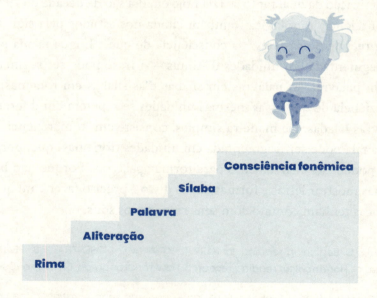

- **rima:** capacidade de distinguir, identificar e falar sons similares (pato, gato, mato etc.);
- **aliteração:** capacidade de identificar palavras que começam com o mesmo som (casa, caramelo, carro etc.);

- **consciência das palavras:** o que significa estar apta a pensar e perceber os diferentes componentes das frases;
- **consciência das sílabas:** o que significa estar apta a perceber os tais "pedacinhos" que constituem as palavras;
- **consciência fonêmica** que, por seu grau de dificuldade, configura o último estágio da consciência fonológica.

3) Nomeação automática rápida

A nomeação automática é a capacidade de um indivíduo para nomear rapidamente um símbolo visual, seja letra, objeto ou cor. Sua importância para a leitura e a escrita já é reconhecida há décadas. Tanto que, nos anos 1970,[83] pesquisadores estadunidenses desenvolveram um teste para avaliar a fluência da leitura por meio da nomeação automática rápida chamado de RAN (da sigla, em inglês, de *rapid automatic naming*). Seus resultados conseguem demonstrar quão rapidamente ocorre a integração dos processos visuais e linguísticos no cérebro. Por aqui, uma variação do teste foi criada pelos psicólogos Elizeu Coutinho de Macedo, Patrícia Botelho Silva e Tatiana Pontrelli Mecca.[84]

A nomeação automática é fundamental para a alfabetização, afinal, a leitura envolve o reconhecimento visual de estímulos e o acesso à sua representação fonológica – ou seja, a conversão de letras para sons. Você até pode mostrar as letras para as crianças, mas,

---

83. SILVA, P. B. **Teste de nomeação automática rápida:** evidências de validade para amostra de crianças brasileiras. 2015. 99 f. Dissertação (Mestrado) - Curso de Distúrbios do Desenvolvimento, Universidade Presbiteriana Mackenzie, São Paulo, 2015. Disponível em: https://adelpha-api.mackenzie.br/server/api/core/bitstreams/39008765-9d19-411b-af0c-68b6e7e08013/content. Acesso em: julho de 2023.

84. MACEDO, E.; SILVA, P.; MECCA, T. **TENA:** teste de nomeação automática. São Paulo: Editora Hogrefe, 2017.

nos primeiros três anos, uma das maneiras de aprimorar a nomeação automática está na ampliação do vocabulário. Pois, ao ser exposta a novas palavras, a criança observa não apenas seus sentidos, mas os sons das letras, as rimas, o tamanho dos vocábulos e assim por diante.

De acordo com uma famosa pesquisa sobre o tema feita pelos cientistas Betty Hard e Tood Risley em 1995 nos Estados Unidos,[85] a quantidade de palavras a qual a criança é exposta nos primeiros anos de vida favorece, sim, o desempenho escolar nos anos intermediários da escola primária (equivalente ao Ensino Fundamental I no Brasil). Palavras novas podem ser aprendidas de maneira indireta (por meio de experiências cotidianas com a linguagem oral ou escrita) ou direta (por meio de instrução explícita, como exercícios).

Além disso, vale ainda contar histórias e mostrar objetos, estimulando a nomeação rápida de letras, sons, cores e objetos por meio de jogos específicos. A maior parte do aprendizado, no entanto, acontece de modo natural, quando o adulto interage e cria vínculos com a criança, seja conversando, cuidando ou brincando.

4) Escrita do nome

Os nomes próprios são utilizados para diferenciar e identificar cada membro de uma comunidade, por isso, não é à toa que a escrita do nome seja um recurso amplamente utilizado no início da alfabetização, ainda na educação infantil. De modo geral, a aquisição dessa habilidade ocorre em três etapas: reconhecimento (quando a criança identifica o nome, mesmo sem saber ler ainda); soletração e, por fim, a escrita. Essas três etapas podem, sim, acontecer em conjunto.

---

85. HART, B; RISLEY, T. R. *Meaningful differences in the everyday experience of young American children*. Baltimore, MD: Paul H. Brookes Publishing Company, 1995.

O objetivo do trabalho com os nomes próprios na escola pode variar conforme a faixa etária.[86] Entre 2 e 3 anos, está relacionada à marcação de seus pertences e, logicamente, à compreensão da identidade. Já por volta dos 4 e 5 anos, serve como ponto de partida para a reflexão do sistema de escrita – além de naturalmente despertar a curiosidade do aluno. E não custa reforçar: ler com e para a sua criança desde cedo, o que os educadores costumam chamar de leitura compartilhada ou colaborativa, é essencial ao longo da alfabetização.

Você já deve ter ouvido falar dos inúmeros benefícios da leitura na infância, comprovados cientificamente por diversos estudos. Em relação às habilidades preditoras, a ciência mostra que ler para os pequenos influencia tanto a linguagem oral quanto o processamento fonológico[87] e, por consequência, a alfabetização.[88] Mas outra vantagem da leitura compartilhada diz respeito ao desenvolvimento do conceito de impressão, que nada mais é do que saber que os livros contêm letras e palavras e que existem espaços entre elas. Esse conhecimento parece óbvio, porém, temos de lembrar que a leitura não é algo natural, e sim aprendido. Isso sem contar que muitas crianças brasileiras chegam à pré-escola sem jamais terem tocado em um livro!

5) Memória fonológica
Também conhecida por memória operacional fonológica (MOF), por definição, diz respeito a um sistema que retém e manipula as

---

86. POR QUE alfabetizar com nome próprio? **Nova Escola**. Disponível em: https:// novaescola.org.br/arquivo/nome-proprio/por-que.shtml. Acesso em: julho de 2023.

87. Em resumo, o processamento fonológico se refere ao uso de informação fonológica (sons da língua) no processamento da linguagem oral e escrita.

88. PIASTA, S. B. Current understandings of what works to support the development of emergent literacy in early childhood classrooms. **Child development perspectives**, v. 10, n. 4, p. 234–239, 2016. Disponível em: https://srcd.onlinelibrary.wiley.com/ doi/10.1111/cdep.12188. Acesso em: 11 set. 2023.

informações temporariamente. Nele, há um componente visuo espacial e outro fonológico, além da função executiva, que controla a atenção e a manipulação da informação.[89]

Esse sistema é imprescindível para a aquisição da linguagem e, posteriormente, da leitura e da escrita. Afinal, com o apoio da memória, as palavras lidas são armazenadas até serem compreendidas. Por essa razão, estudos mostram que esse sistema se torna mais eficiente com o aprendizado escolar.[90] Há ainda muitas evidências científicas[91] que mostram a relação entre a consciência fonológica e a memória operacional fonológica e sua influência na aquisição da leitura e da escrita, sobretudo nos primeiros anos do ensino fundamental.

Criar listas e fazer contas com a criança, de modo geral, são ótimas maneiras de trabalhar a memória operacional fonológica ao estimular a memorização. Uma atividade interessante é "fazer compras" na própria dispensa, em casa. Faça uma lista oral com três ou quatro itens, pegue uma sacola e peça para o seu filho ir até lá e comprar o que você pediu.

Oportunidade para todas as crianças

Quando me perguntam qual das habilidades é a mais importante, respondo: "Todas!". Uma vez que influenciam umas às outras, elas devem

---

89. SOARES, A. J. C.; JACINTO, L. A.; CÁRNIO, M. S. Memória operacional fonológica e consciência fonológica em escolares ao final do ciclo I do ensino fundamental. **Revista da Sociedade Brasileira de Fonoaudiologia**, v. 17, n. 4, p. 447–453, 2012. Disponível em: https://doi.org/10.1590/S1516-80342012000400014. Acesso em: julho de 2023.

90. SOARES, A. J. C., JACINTO, L. A., CÁRNIO, M. S. *op. cit.*

91. GINDRI, G., KESKE-SOARES, M., MOTA, H. B. Memória de trabalho, consciência fonológica e hipótese de escrita. **Pro-fono: revista de atualizacao cientifica**, v. 19, n. 3, p. 313–322, 2007. Disponível em: https://doi.org/10.1590/S0104-56872007000300010. Acesso em: julho de 2023.

caminhar juntas ao longo da alfabetização. Uma pesquisa brasileira feita com crianças da pré-escola e do 1º ano[92] observou resultados semelhantes às recomendações das análises internacionais, destacando o processamento fonológico como um dos principais preditores do sucesso na leitura e na escrita, o que não só fornece diretrizes para os profissionais que atuam na área, como auxilia na detecção de alunos de risco. Assim sendo, quando o aluno apresenta dificuldade para desenvolver alguma dessas características, os educadores podem intervir a tempo de ajudá-lo.

A boa notícia é que tais conhecimentos beneficiam não apenas a alfabetização em si, mas toda a vida escolar da criança.[93] Especialmente daquelas que não receberam estímulos adequados em casa. O que só aumenta a importância da Educação Infantil. Pois, na escola, a criança tem uma série de oportunidades que enriquecem não apenas a sua educação, mas também a saúde física e emocional, o que tem impacto no presente e no futuro.

É importante destacar que as habilidades precursoras não devem ser confundidas com alfabetização precoce. Quando devidamente estimuladas, algumas crianças podem aprender a ler e a escrever as primeiras palavras antes do 1º ano. Está tudo bem, desde que aconteça naturalmente. O problema está em comparar as crianças umas às outras, como se fosse uma competição. Além disso, a Educação Infantil não é um período de preparação para o Ensino Fundamental, e sim um período de estimulação.

Mas então não posso ensinar ao meu filho a memorizar as letras do alfabeto ou a escrever o nome dele em casa, Luciana? Se for de maneira

---

92. CAPOVILLA, A. G. S., GUTSCHOW, C. R. D., CAPOVILLA, F. C. Habilidades cognitivas que predizem competência de leitura e escrita. **Psicologia – Teoria e Prática**, v. 6, n. 2, p. 13–26, 2004. Disponível em: http://pepsic.bvsalud.org/scielo.php?script=sci_arttext&pid=S1516-36872004000200002&lng=pt&nrm=iso. Acesso em: 4 nov. 2022.

93. NATIONAL READING PANEL (NRP). *op. cit.*

lúdica, sim. Equilíbrio é a palavra-chave. A Educação Infantil deve ser explícita e sistematizada, com atividades adequadas à faixa etária, desde o início da pré-escola, ou como falamos com intencionalidade. Aos 4 anos, por exemplo, o aluno pode ter contato com as letras e seus sons, mas também com rimas, histórias (orais e escritas) e brincadeiras. Falaremos mais disso no próximo capítulo, pode deixar!

Do desenho à escrita

A leitura e escrita se desenvolvem concomitantemente no processo de alfabetização, como você aprendeu no capítulo anterior. Sendo assim, as habilidades que compõem a literacia emergente também devem ser estimuladas para otimizar a escrita. Vou citar alguns exemplos para esclarecer o porquê. Do mesmo modo que a leitura, a escrita depende de representações fonológicas, pois é preciso saber as relações dos sons e das letras com a grafia correspondente para produzir palavras novas com sentido ortográfico, assim como também depende da compreensão do código alfabético, ou seja, ter a noção de que cada letra que forma uma palavra tem a junção de um som com a representação visual da letra.

O processo de aprender a escrever também começa antes da pré-escola ou, como definiu o pioneiro neuropsicólogo russo Alexander Luria,[94] bem antes da primeira vez que o professor coloca um lápis na mão da criança para lhe mostrar como formar letras. Tem início no seu nascimento, quando ela faz os primeiros movimentos com as mãos, ainda reflexos. Aos poucos, eles se tornam mais conscientes.

Você já reparou, aliás, como o bebê gosta de colocar a mão em tudo o que vê? É que a princípio a mão guia o olho, e não o contrário. Por isso, além da coordenação motora fina, responsável pelo manuseio dos lápis, temos de trabalhar na criança a coordenação olho-mão

---

94. LURIA, A. R. **The Working Brain. An Introduction to Neuropsychology**. New York: Basic Books, 1973.

UM OLHAR DESENVOLVIMENTAL SOBRE A ALFABETIZAÇÃO **103**

(também chamada de visomotora). O que se dá com exercícios explícitos como ligar os pontos, encontrar objetos e assim por diante, de modo a treinar o olho a guiar a mão desde cedo.

O gráfico na página 104[95] ilustra o desenvolvimento psicomotor da primeira infância, com uma série de movimentos que a criança faz até chegar à escrita das palavras propriamente ditas. Note que ele inclui atividades que parecem aleatórias, como empilhar e arremessar objetos. Uma das lições que tiramos daqui é, mais uma vez, a importância de não pular etapas.

Os desenhos, como era de se imaginar, têm um papel de destaque ao longo dessa trajetória. Afinal, eles são a primeira experiência da criança no mundo da representação mental. Com o tempo e os estímulos certos, como a leitura compartilhada, ela percebe que ideias podem ser representadas por palavras, que palavras são representadas por imagens e que essas imagens são o que chamamos de letras.

Uma vez, quando meu filho do meio tinha por volta de 2 anos, ao ver a irmã mais velha fazer a tarefa de casa, pediu um lápis para "escrever" como ela. Numa folha de caderno, já de pijamas, o pequeno se divertiu rabiscando várias "palavras" que nós ditávamos para ele. Registramos o momento em uma foto que gosto de mostrar em cursos e palestras. Não apenas para recordar aquele momento, mas para fazer um alerta. Em alguns casos, a criança sabe escrever (até mesmo com uma boa caligrafia), mas não compreende o que escreve. Na verdade, está apenas desenhando as letras e não escrevendo-as de fato. No início da alfabetização, isso é normal e esperado, porém, se ela não conseguir associar letras e sons com o tempo e com a prática, fique atento.

Letra cursiva ou bastão?

É praxe iniciar a alfabetização pela letra de forma, já que foi dessa maneira que se convencionou imprimir o alfabeto em todos os lugares.

95. CRATTY, B.J. **Psicologia do Esporte**. Rio de Janeiro: Prentice Hall do Brasil, 1984.

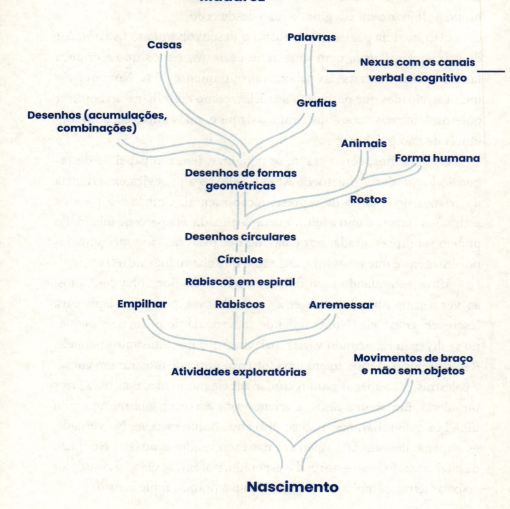

Fonte: B. J. Cratty (1982)

Como aprendemos a ler antes de aprender a escrever, faz sentido que o ensino da escrita também se inicie pela letra de forma. Isso não significa que o modelo cursivo não seja relevante. Mas em um mundo cada vez mais dominado pelas telas, até mesmo nas escolas, muitos se perguntam se vale a pena insistir que as crianças escrevam à mão.

Os estudos mostram que sim! Em primeiro lugar, porque esse tipo de escrita favorece a memorização do traçado das letras e seu reconhecimento visual.[96] O treino da caligrafia também ajuda na correção do espelhamento, isto é, a inversão das letras (como trocar o "d" pelo "b" e o "p" pelo "q"). E conhecer as letras e seus devidos sons, você viu, é um dos grandes precursores da alfabetização.

Além disso, fazer letras à mão, segundo pesquisas realizadas na Austrália,[97] contribui para o conhecimento das palavras e para a ortografia, pois quando as palavras são escritas em um fluxo contínuo, há uma melhora da memória ortográfica. Sendo assim, a conclusão é de que a escrita à mão não deve ser substituída pela digitação durante a alfabetização.

As características do código ortográfico estão por trás da dificuldade, esforço e tempo maior que o aprendizado da escrita exige em relação à leitura. Até mesmo os adultos se confundem, não é mesmo? Isso sem contar o poder de abstração envolvido para unir o que os linguistas chamam de significado (letras e fonemas) ao significante (conceito),

---

96. CARVALHO, K. S; GABRIEL, R. Escrever à mão versus digitar: Implicações cognitivas no processo de alfabetização. **Letrônica**, v. 13, n. 4, p. e37514, 2020. Disponível em: https://revistaseletronicas.pucrs.br/index.php/letronica/article/view/37514. Acesso em: 11 set. 2023.

97. CAHILL, S. M. Where does handwriting fit in?: Strategies to support academic achievement. **Intervention in school and clinic**, v. 44, n. 4, p. 223–228, 2009. Disponível em: https://journals.sagepub.com/doi/10.1177/1053451208328826. Acesso em: 11 set. 2023.

106 ALFABETIZAÇÃO: POR ONDE COMEÇAR

para se chegar ao signo (palavra). Aqui, novamente, o contato precoce com os livros favorece a memorização e a consolidação das regras ortográficas. Algumas das atividades que propomos no fim do livro também vão estimular a sua criança a escrever melhor, já que um de seus objetivos é facilitar o desenvolvimento de quatro habilidades essenciais para a escrita, segundo o psicomotricista e pesquisador espanhol Juan Garcia Nuñez:[98] tônus, para ela segurar o lápis ou a caneta com firmeza; coordenação visomotora, para coordenar a visão com a produção dos desenhos, cópias, escrita etc.; direcionalidade, para aprender a ler da esquerda para a direita e de cima para baixo; e ritmo, para estimular a entonação e a pontuação. Mas sem pressão, combinado?

---

98. NUÑEZ, JAG; BERRUEZO, PP. **Psicomotricidade e Educação Infantil.** Madrid: CEPE Editorial

Um olhar mediador sobre a alfabetização

"Conhecereis a verdade e a verdade vos libertará."

João, 8:32

A alfabetização depende de fatores cognitivos, sociais e ambientais. Por essa razão, seu sucesso está atrelado tanto ao desenvolvimento cerebral quanto a estímulos e métodos educacionais, sem nos esquecermos, é claro, de políticas públicas eficientes. O objetivo deste capítulo é valorizar as pessoas que fazem parte do ambiente em que a criança a ser alfabetizada vive, para que percebam a importância de sua missão. Essas pessoas – pais, professores e demais cuidadores – são conhecidas como mediadores do ensino e da aprendizagem.

Como explica o psicólogo bielorrusso Lev Vygotsky (1896-1934), cujas descobertas deram origem ao socioconstrutivismo, e que foi um dos pioneiros nos estudos da influência das relações sociais no aprendizado, o mediador é o parceiro da criança ao longo da trajetória, é quem a motiva a construir a si mesma e o próprio aprendizado de maneira criativa, questionadora e ativa.[99] A atuação do mediador,

---

99. SESTARI, P. Educação Infantil: o papel do professor como mediador das aprendizagens. **Nova Escola**, 22 jun. 2022. Disponível em: https://novaescola.org.br/conteudo/21274/educacao-infantil-o-papel-do-professor-como-mediador-das-aprendizagens. Acesso em: 29 jul. 2023.

de acordo com Vygotsky, ocorre na zona de desenvolvimento proximal: o espaço entre o que a criança já sabe (zona de desenvolvimento real) e aquilo que ela tem condições de aprender (zona de desenvolvimento potencial) ao interagir com seus pares e com o meio em que vive. Ainda que Vygotsky estivesse se referindo ao professor e à sala de aula, acredito que a mesma definição possa se estender aos pais e demais cuidadores. Isso porque os seres humanos estão entre os animais mais dependentes da natureza ao nascer. Sem ajuda, não sobrevivem, uma vez que são incapazes de andar, buscar alimento ou se manter aquecidos. O suporte continua até que atinjam a vida adulta, pelo menos. Quanto maior o apoio, maior a chance de obterem sucesso em todas as áreas – pessoal, profissional, espiritual e assim por diante. Não é de se estranhar, portanto, que a participação de mediadores seja essencial ao longo da alfabetização.

Por se tratar de uma invenção cultural, que envolve questões cognitivas e desenvolvimentais, a alfabetização requer um ensino explícito e sistemático. Mas o que isso significa exatamente? A instrução explícita consiste em uma forma de ensino direta e estruturada, com comprovação científica. Se a educação baseada em evidências nos mostra o que funciona, a instrução explícita nos ensina como fazer. No caso da leitura e da escrita, vimos que estimular determinadas habilidades, como a consciência fonológica, traz resultados positivos, certo? Desse modo, por meio de estratégias de instrução explícita, o processo de alfabetização se torna mais fácil.

O ensino sistemático, por sua vez, diz respeito à escolha de uma ou mais metodologias específicas para se alcançar um objetivo pedagógico. Por essas razões, o ensino explícito e sistemático exige planejamento, atendendo às seguintes questões: quais são os objetivos finais? Como vão realizar a atividade? Quais são as etapas? Que tipo de material será usado? Quanto tempo vai durar? Como será mensurado?

Em resumo, a criança precisa de ajuda para aprender a ler e a escrever, e existem maneiras de otimizar a aprendizagem. Se você está lendo este livro, provavelmente é um dos mediadores que vai tornar essa conquista possível. Parabéns! Considerando que seu papel é conectar a criança com o mundo desde o nascimento, isso não poderia ser diferente ao longo da alfabetização. A essa altura, portanto, você já deve ter percebido o tamanho do desafio que tem pela frente, não é mesmo? Confira a seguir algumas dicas, comprovadas cientificamente, que vão fazer a diferença nessa jornada.

A mediação da família

Eu disse que o conceito de literacia era amplo, lembra? Conforme falamos no início do livro, a participação da família na aprendizagem da leitura e da escrita é conhecida por literacia familiar. Para ser mais exata, é um conjunto de práticas e experiências relacionadas com a linguagem oral, a leitura e a escrita vivenciadas pelas crianças com os pais ou responsáveis. Na prática, isso significa conversar, interagir e ler em voz alta para os filhos, assim como lançar mão de algumas estratégias para incentivá-los a desenvolver a linguagem, a leitura e a escrita, o que está diretamente relacionado ao êxito das crianças na alfabetização.

Diversos estudos comprovam essa correlação, como o realizado por Betty Hard e Tood Risley em 1995 nos Estados Unidos, que demonstrou a relevância do vocabulário no desempenho escolar e que, ao avaliar 42 famílias de diferentes classes sociais, constatou que crianças de 4 anos de famílias mais pobres teriam ouvido cerca de 30 milhões de palavras a menos do que aquelas com melhores condições financeiras.[100]

Algumas décadas depois, com o apoio de tecnologias mais avançadas, como exames de neuroimagem e softwares de linguagem, novos estudos questionaram esses resultados. Um deles, realizado em

---

100. HART, B.; RISLEY, T. R. **Meaningful Differences in the Everyday Experience of Young American Children**. Baltimore: Paul H. Brookes, 1995.

"A participação
da família na
aprendizagem da
leitura e da escrita
é conhecida por
literacia familiar."

@lubritesoficial

2017 pela Fundação Lena, nos Estados Unidos, com 329 famílias, sugere que a lacuna seja de "apenas" 4 milhões de palavras.[101] Ao passo que outro estudo, realizado com 36 crianças no mesmo ano por cientistas da Universidade Harvard em parceria com o Massachusetts Institute of Technology (MIT), afirma que o impacto da conversação (conhecida também como interação verbal) com as crianças no desenvolvimento de suas habilidades linguísticas é maior que a quantidade de palavras ditas e o status econômico familiar.

É normal que os achados sejam diversos, uma vez que as pesquisas foram realizadas com métodos e em épocas diferentes. Perceba, entretanto, que todas corroboram o efeito positivo da família na linguagem, característica que está fortemente vinculada à alfabetização.

O filme *Mãos talentosas: a história de Ben Carson*[102] traz um exemplo marcante de literacia familiar. Nascido em uma família negra com poucos recursos no final dos anos 1950 nos Estados Unidos, Benjamin era um menino explosivo e com notas ruins na escola. Quando a mãe, Sonya Carson, uma faxineira semianalfabeta, começou a trabalhar em uma residência abastada e cheia de livros, ela decidiu impor aos dois filhos uma meta: eles deveriam ler ao menos dois livros por semana da biblioteca local em vez de assistir à televisão o tempo todo.

Benjamim rapidamente tomou gosto pela leitura. Esse foi o primeiro passo para o menino melhorar as notas e, no futuro, transformar-se

---

101. GILKERSON, J. *et al.* Mapping the Early Language Environment Using All-Day Recordings and Automated Analysis. **American Journal of Speech-Language Pathology**, v. 26, n. 2, p. 248-265, 2017. Disponível em: https://pubs.asha.org/doi/10.1044/2016_AJSLP-15-0169. Acesso em: 29 jul. 2023.

102. MÃOS talentosas: a história de Ben Carson. Direção: Thomas Carter. EUA: Sony Pictures Television, 2009. Vídeo (86 min). Disponível em: https://www.netflix.com. Acesso em: 14 set. 2023.

em um dos maiores neurocirurgiões pediátricos do mundo. Um de seus maiores feitos foi liderar, em 1987, o time de médicos que separou pela primeira vez, com sucesso, gêmeos siameses unidos pela cabeça. Isso não teria sido possível sem o "empurrão" da mãe, que nunca duvidou do potencial do menino. Essa história nos mostra também que, com orientação, até mesmo pais ou cuidadores não alfabetizados como Sonya Carson podem alavancar as crianças na leitura e na escrita, o que já foi comprovado cientificamente, aliás.[103] *Luciana, por onde eu começo então?* É mais simples do que você imagina. Além de encorajar a leitura e o diálogo, vale narrar histórias, apresentar as letras e criar oportunidades para a criança escrever, como vou explicar a seguir.

Em casa: o que ajuda e o que atrapalha

Jogar bola, brincar de boneca e videogame podem ser algumas brincadeiras preferidas das crianças, mas não tem nada que os filhos amem mais que a atenção dos pais. Podemos perceber isso quando lemos para eles. Lembro que minha filha mais velha pedia para lermos a mesma história até ela cair no sono. Diante desse comportamento comum, algumas pessoas me perguntam se essa repetição não seria sintoma de algum transtorno; na verdade, ela manifesta o prazer que a criança tem de desfrutar da companhia das pessoas mais importantes do mundo para ela.

Então não custa reforçar: ler para a criança é uma das práticas mais eficazes para incentivar o gosto pela leitura desde a mais tenra idade, além de aumentar o vocabulário e estreitar os laços familiares.[104] Para tornar a atividade ainda mais divertida e eficiente do

---

103. CARPENTIERI, J. *et al*. **Family Literacy in Europe: Using Parental Support Initiatives to Enhance Early Literacy Development**. London: NRDC, Institute of Education, 2011.

104. CARPENTIERI, J. et al. *op. cit.*

ponto de vista da alfabetização, vocês também podem conversar sobre o conteúdo do livro durante ou depois da leitura em voz alta, prática que os educadores conhecem por leitura dialogada ou dialógica.

Os adultos devem aproveitar esse momento de conexão para promover o conceito de impressão, habilidade abordada no capítulo anterior, que consiste em mostrar que os livros contêm letras e palavras – isso é crucial para introduzir a criança ao mundo do alfabeto, o que vai ajudá-la no futuro, quando for utilizar o próprio caderno. Para não me tornar repetitiva, vamos a outros exemplos de literacia familiar que beneficiam a alfabetização e são fáceis de aplicar no dia a dia.

A narração de histórias é uma das que mais gosto. Venho de uma família de origem humilde, então não havia muitos livros à disposição. No entanto, nunca faltou uma boa história. Sem saber, meus pais estavam dando asas à minha imaginação e transmitindo valores, ao passo que estimulavam características relacionadas à compreensão oral.[105]

Mesmo antes de a criança iniciar a Educação Infantil, também é possível incentivar a escrita, sabia? Segundo estudos de Azoni,[106] pode-se começar de maneira simples, apontando as letras em placas, bilhetes e livros. Com lápis e papel, pode-se evoluir para desenhos, grafias inventadas até chegar às letras e palavras. Além disso, jogos, brincadeiras e passeios contam e muito, pois favorecem a interação com outras pessoas e, por consequência, com a linguagem.

No início do primeiro ano, uma dúvida costuma tomar conta dos pais: todos querem saber quando o filho vai começar a ler. De fato, não

---

105. BRASIL, *op. cit.*

106. AZONI, C. A. S. A literacia familiar no desenvolvimento de habilidades linguísticas e metalinguísticas de pré-escolares. Revista CEFAC 23, n. 4, 2021. Disponível em: https://doi.org/10.1590/1982-0216/20212342521. Acesso em: 6 out. 2023.

podemos perder tempo, pois o atraso na alfabetização gera problemas em todas as disciplinas. Você pode e deve acompanhar de perto todo o processo, promovendo a literacia familiar e participando das reuniões de pais e mestres para se certificar de que a criança está no caminho certo. Contudo, a família precisa conter a ansiedade para não gerar cobranças excessivas e estresse nos pequenos, sob o risco de afetar o desempenho escolar.[107]

Por fim, gostaria de ressaltar que a participação dos pais é fundamental antes, durante e depois da alfabetização. Então deixo aqui um pedido: que tal manter essas práticas mesmo depois de ela dominar a escrita e a leitura? Com o apoio dos pais e da escola, isso possivelmente vai acontecer quando ela tiver entre 6 e 7 anos. No entanto, para que se torne um leitor fluente e cultive o hábito da leitura por toda a vida, nada melhor que o estímulo constante dos primeiros e mais próximos mediadores: a família.

A mediação dos educadores

Se o Ensino Infantil não é a preparação para o Ensino Fundamental, qual é a sua função então? Nas palavras da Base Nacional Comum Curricular (BNCC),[108] documento de caráter normativo que define o conjunto de aprendizagens essenciais que todos os alunos devem desenvolver durante a passagem pela Educação Básica, eis o que devemos esperar desta importante etapa:

---

107. PACÍFICO, M.; FACCHIN, M. M. P.; SANTOS, F. de F. F. C. Crianças também se estressam? A influência do estresse no desenvolvimento infantil. **Temas em Educação e Saúde**, Araraquara, v. 13, n. 1, p. 107-123, 2017. Disponível em: https://periodicos. fclar.unesp.br/tes/article/view/10218. Acesso em: 29 jul. 2023.

108. EDUCAÇÃO Infantil. **Base Nacional Comum Curricular – Educação é a base**. Disponível em: http://basenacionalcomum.mec.gov.br/implementacao/praticas/ caderno-de-praticas/educacao-infantil/. Acesso em: 29 jul. 2023.

"Ler para a criança é uma das práticas mais eficazes para incentivar o gosto pela leitura desde a mais tenra idade, além de aumentar o vocabulário e estreitar os laços familiares."

@lubritesoficial

Nesse contexto, as creches e pré-escolas, ao acolher as vivências e os conhecimentos construídos pelas crianças no ambiente da família e no contexto de sua comunidade, e articulá-los em suas propostas pedagógicas, têm o objetivo de ampliar o universo de experiências, conhecimentos e habilidades dessas crianças, diversificando e consolidando novas aprendizagens, atuando de maneira complementar à educação familiar – especialmente quando se trata da educação dos bebês e das crianças bem pequenas, que envolve aprendizagens muito próximas aos dois contextos (familiar e escolar), como a socialização, a autonomia e a comunicação.

Infelizmente não é o que encontramos em todas as escolas de Educação Infantil. As metodologias podem mudar de acordo com o estado, a cidade ou até mesmo o bairro. Na rede particular, por exemplo, um erro comum diz respeito ao volume e ao caráter das atividades oferecidas – exercícios, cursos extracurriculares e lições de casa em excesso roubam o tempo do brincar livre. Já na rede pública, o ensino explícito e sistemático muitas vezes está em desvantagem por inúmeros motivos, que vão desde a formação dos professores à carência de recursos financeiros das famílias e da própria escola.

Para piorar, as crianças que mais precisam não têm acesso à Educação Infantil no país, agravando a defasagem em relação às habilidades precursoras da alfabetização. Segundo pesquisa recente da Fundação Maria Cecilia Souto Vidigal,[109] entre as famílias mais pobres, apenas 24% das crianças de até 3 anos frequentam creches no Brasil, o equivalente a uma em cada quatro crianças. Quem é ou já foi

---

109. TOKARNIA, M. Crianças que mais precisam de creches ainda têm pouco acesso. **Agência Brasil**, 12 mar. 2022. Disponível em: https://agenciabrasil.ebc.com.br/educacao/noticia/2022-03/criancas-que-mais-precisam-de-creches-ainda-tem-pouco-acesso. Acesso em: 29 jul. 2023.

professor na escola pública, como eu, sabe que sua atuação ali vai além do ensinar. O professor tem de se certificar ainda de que o aluno está bem-vestido, alimentado e limpo.

Não é exagero, muito menos preconceito. O projeto "A escola fala",[110] que compartilha nas redes sociais depoimentos reais de educadores e alunos de instituições de ensino públicas, está cheio de exemplos semelhantes. Em compensação, há também casos de superação de alunos que prosperaram graças à dedicação de incansáveis mestres, assim como casos de educadores que não desistem nunca – entre eles, me marcou o de uma professora que usava seu tempo de planejamento presencial para alfabetizar um aluno do 5º ano que ainda não sabia ler. Histórias assim são a realidade da maioria das crianças brasileiras, e é com ela que os professores têm de lidar no dia a dia, o que só enaltece seu papel como mediador.

Na escola: o que ajuda e o que atrapalha

Insegurança e complexidade são sentimentos que observo com frequência em educadores de todo o país em relação à alfabetização. Muitos me perguntam o que vai acontecer se eles falharem. Eu compreendo esses sentimentos. Afinal, não existe meio-termo na leitura ou na escrita, tanto o sucesso quanto o fracasso são tangíveis: a criança aprende ou não aprende. Então, realmente não é tarefa para qualquer um, envolve responsabilidade, estudo e paixão. Ainda que aprender a ler e a escrever dependa de múltiplas variáveis e até mesmo de uma revolução cerebral, hoje temos muitas pesquisas que empoderam a prática pedagógica. Com base nelas, vou resumir aqui algumas dicas para alfabetizar qualquer criança, típica ou atípica, independentemente da idade.

Em primeiro lugar, o professor que vai mediar esse processo deve ter clareza do conceito de alfabetizar, ou seja, ler e escrever de acordo

---

110. Para saber mais, visite https://www.instagram.com/aescolafala/

com um sistema alfabético. Na sequência, é preciso compreender a origem deste. Como nosso sistema alfabético foi pautado na correlação entre os sons e as letras do alfabeto, faz sentido alfabetizar por meio de uma abordagem fônica. No início da aprendizagem da escrita, observa-se que, quando a criança escreve "ti amo" em vez de "te amo", ela está simplesmente transcrevendo os sons que está ouvindo. Cabe ao educador apenas explicitar essa correlação que a criança já faz naturalmente.

Paralelamente, convém se informar das habilidades precursoras da alfabetização já citadas, como a compreensão oral, o vocabulário, o conhecimento do código alfabético e a consciência fonológica, com destaque para as duas últimas, pois, quando aliamos o conhecimento do código alfabético à consciência fonológica, a ciência mostra que aumentam significativamente as chances de a criança ser alfabetizada.[111]

Por que seguir esse procedimento, Luciana? Ao agir dessa forma, o professor alfabetizador não estaria mecanizando o processo de ensino e aprendizagem? Não, porque existem maneiras lúdicas, divertidas e contextualizadas de aplicar todos esses conceitos. Vale lembrar que o processo de alfabetização precisa de um ensino estruturado para dar certo – confira as etapas da instrução explícita ao final do capítulo e veja como fazem todo o sentido. Do contrário, o educador corre o risco de se perder em ideias ultrapassadas, que não levam em conta o desenvolvimento cerebral do futuro leitor nem o princípio alfabético. Ao seguir a educação baseada em evidências, ele não vai fazer o que quer ou o que acha que funciona, e sim o que foi comprovado cientificamente.

Trabalho conjunto

É essencial que os mediadores trabalhem de mãos dadas e em sintonia, a fim de preencher as lacunas que estão impedindo o aperfeiçoamento

---

111. NATIONAL INSTITUTE FOR LITERACY. *op. cit.*

dos índices de leitura e escrita das crianças. Por um lado, pais e demais cuidadores devem incluir diferentes atividades de literacia familiar no cotidiano, assim como ficar por dentro do que se passa no chão da escola. Inglês, robótica, dança e tantos outros cursos que as instituições oferecem para atrair os responsáveis são importantes, mas por que não perguntar, na hora da matrícula, sobre as metodologias escolhidas para alfabetizar, a formação contínua dos professores ou a comprovação científica dos materiais didáticos?

Por outro, professores e gestores de educação do país têm de investir (tempo e dinheiro, diga-se) para se atualizar quanto as melhores abordagens de alfabetização para que se apropriem de metodologias e práticas com resultados positivos no mundo inteiro e os implementem por aqui também.

O evangelho de João, na Bíblia, ensina: "conhecereis a verdade e a verdade vos libertará". O versículo escolhido para abrir o capítulo refere-se à Palavra de Deus, mas também diz respeito à oportunidade de nos libertarmos de velhas amarras e buscar novas soluções por meio do conhecimento. Por isso, acredito que seja uma lição para qualquer mediador do processo de ensino e aprendizagem, independentemente de religião ou crença.

PARA SABER MAIS

Conheça as etapas da INSTRUÇÃO EXPLÍCITA.

1. **Introdução:** o educador prepara o terreno para o aprendizado, mostrando o que se espera que os alunos aprendam. Tem o objetivo de chamar a atenção deles e ativar os conhecimentos prévios.

2. **Apresentação do material:** com orientações claras, o conteúdo é organizado passo a passo, visto que as etapas são construídas umas sobre as outras.

3. **Prática guiada:** o exercício é conduzido pelo professor com o intuito de ensinar, corrigir erros e treinar os alunos para que o realizem de modo independente e em sequência.

4. **Feedback e correções:** caso ainda restem dúvidas, o educador faz mais correções e dá um retorno aos alunos sobre o processo.

5. **Avaliação e revisão:** o educador se certifica, por meio de avaliações e revisões, de que os alunos compreenderam tudo, antes de passar para um novo conceito (que será baseado no que eles acabaram de aprender).

Fonte: A INSTRUÇÃO explícita e sua importância no processo de alfabetização. **NeuroSaber**, 20 ago. 2021. Disponível em: https://institutoneurosaber.com.br/a-instrucao-explicita-e-sua-importancia-no-processo-de-alfabetizacao/. Acesso em: 29 jul. 2023.

"É essencial que os mediadores trabalhem de mãos dadas e em sintonia, a fim de preencher as lacunas que estão impedindo o aperfeiçoamento dos índices de leitura e escrita das crianças."

@lubritesoficial

As principais dúvidas dos pais sobre alfabetização

Que a família influencia o desenvolvimento infantil em todos os aspectos, da saúde física à emocional e cognitiva, não é novidade. Cada vez mais estudos demonstram a importância do papel de pais, mães e demais cuidadores na alfabetização, processo conhecido como literacia familiar, termo já apresentado anteriormente. A aquisição da leitura e da escrita começa bem antes de a criança entrar na escola, lembra? Desse modo, conversar, ler e interagir com a criança por meio de jogos, brincadeiras e cuidados do dia a dia, por exemplo, são fundamentais para que ela esteja mais preparada para iniciar o processo formal de alfabetização.

Dá trabalho, sobretudo naqueles dias em que chegamos em casa cansados, mas vale a pena. Uma pesquisa feita pela University College London, na Inglaterra, avaliou 27 programas de literacia familiar realizados em parceria entre escolas e famílias de crianças de 5 a 7 anos.[112] Conforme explicam os cientistas, a literacia familiar

112. SWAIN, J. M.; CARA, O. Changing the Home Literacy Environment Through Participation in Family Literacy Programmes. **Journal of Early Childhood Literacy**, v. 19, n. 4, p. 431.458, 2019. Disponível em: https://journals.sagepub.com/doi/10.1177/1468798417745118. Acesso em: 29 jul. 2023.

é objeto de estudos no mundo inteiro desde meados dos anos 1980 e, pesquisa após pesquisa, fica evidente a importância dos pais como coautores na aquisição da literacia (conjunto de conhecimentos, habilidades e atitudes relacionado à leitura e à escrita) de modo geral.

Nessa pesquisa, em especial, avaliou-se ainda a relevância desse tipo de programa de incentivo envolvendo toda a família, oferecido de modo sistemático como parte do ensino público. "O estudo também encontrou um aumento significativo na confiança dos pais, o que lhes permitiu oferecer melhor apoio ao filho com a lição de casa, e os pais também melhoraram sua compreensão de como a leitura (incluindo o uso de fonética) é ensinada na escola",[113] concluíram os pesquisadores ingleses.

No Brasil, entretanto, ainda temos muito o que avançar nessa questão. Uma pena porque, quando a criança apresenta dificuldades para aprender a ler e a escrever, sem conseguir acompanhar o restante da turma, toda a família sofre. O momento das lições de casa pode gerar estresse e brigas, piorando ainda mais a situação. Por isso, sempre acolhi as dúvidas dos pais sobre o assunto, que não são poucas.

Foi essa a razão para eu ter listado as principais questões recebidas na NeuroSaber, enviadas por famílias de todo o Brasil — você terá acesso a elas a seguir. As respostas também podem ser úteis para professores alfabetizadores, pois, por fazerem a ponte entre família e escola, eles costumam ser os primeiros a ouvir as queixas familiares e, muitas vezes, não sabem como respondê-las.

Como iniciar a alfabetização?

O processo formal do ensino da leitura e da escrita tem início no 1º ano do Ensino Fundamental, quando a criança tem por volta de 6 anos. Desde o nascimento, entretanto, ela sofre influências

---

113. SWAIN, J. M.; CARA, O. op. cit. p. 32.

do ambiente ao redor que vão predizer o sucesso da alfabetização.[114] A linguagem é a primeira delas, visto que aumenta as chances de a criança compreender e aprender sobre o mundo, além de demonstrar seus sentimentos e vontades. Leitura, músicas e rimas favorecem o desenvolvimento da linguagem, assim como o diálogo, seja conversando, apontando ou nomeando objetos.

O que devo ensinar em primeiro lugar?

A dica principal é trabalhar as habilidades precursoras da alfabetização, abordadas no capítulo 6. Vamos recapitular, então? São as seguintes: compreensão oral (extrair e construir significado simultaneamente por meio da fala), vocabulário, consciência fonológica (compreender que a fala pode ser fragmentada em unidades, ou seja, fonemas), correspondência grafofonêmica (saber quais letras correspondem a quais sons) e conhecimento alfabético (conhecer os nomes, as formas e os sons das letras). Vale lembrar que essas habilidades devem ser desenvolvidas ainda na Educação Infantil, isto é, antes de a criança iniciar o processo formal de alfabetização.

Como ter (e manter) a atenção da criança?

O foco é essencial para a aprendizagem de modo geral, não apenas na alfabetização, uma vez que está diretamente relacionado à memorização. Para reter a atenção da criança, em primeiro lugar, é preciso motivação, recompensa e engajamento. Por essa razão, os jogos são utilizados amplamente como materiais didáticos, tática que você pode aplicar em casa também. Para tanto, os jogos devem ser coloridos e divertidos, além de respeitar a faixa etária da criança. Existem inúmeros

---

114. RVACHEW, S. Desenvolvimento da linguagem e alfabetização. **Enciclopédia sobre o Desenvolvimento na Primeira Infância**, jul. 2011. Disponível em: https://www.enciclopedia-crianca.com/desenvolvimento-da-linguagem-e-alfabetizacao. Acesso em: 29 jul. 2023.

jogos que promovem a alfabetização. Antes de comprá-los, no entanto, recomendo que você verifique se são baseados em evidências científicas e quais habilidades promovem (memória, vocabulário, conhecimento alfabético etc.).

Posso ensinar meu filho a ler, mesmo sem ter experiência ou formação na área?

Desde que se apoiem em metodologias comprovadas cientificamente, que levem em conta como o cérebro aprende, os pais ou responsáveis dão conta do recado, sim. O caso que me marcou foi o da mãe de uma criança de 8 anos com Transtorno do Espectro Autista (TEA). Como o filho não foi alfabetizado na escola, ela decidiu ensiná-lo a ler e escrever por conta própria depois de completar o Proleia, programa de leitura, escrita, interpretação e aprendizagem da NeuroSaber. Com isso, não quero dizer que os pais devem tomar o lugar dos professores, e sim que, como mediadores da aprendizagem, podem se munir de ferramentas adequadas para otimizar o processo.

Meu filho conhece o alfabeto, mas não consegue juntar as letras e as sílabas. O que fazer?

Isso é mais comum do que se imagina: apresentar as letras à criança e presumir que ela vai aprender a ler na sequência. Decorar as letras, porém, não é preditor de sucesso na alfabetização. Uma alternativa, nesse caso, é propiciar o desenvolvimento da consciência fonológica (partindo das habilidades mais simples para as mais complexas: rima, aliteração, consciência de palavras, consciência de sílabas e consciência fonêmica), sempre lembrando que na consciência fonológica trabalhamos com figuras e a manipulação sonora dos sons da nossa fala, além do conhecimento alfabético, com o nome da letra, a forma da letra e, principalmente, o som da letra, ou o fonema, com uma abordagem multissensorial e de maneira explícita.

"Decorar as letras, porém, não é preditor de sucesso na alfabetização."

@lubritesoficial

Meu filho esquece tudo o que foi ensinado. O que fazer?

Muitas vezes, os pais se queixam de que os filhos não conseguem gravar o conteúdo, não importa quantas vezes repitam. Nesses casos, eu pergunto: será que ele estava de fato prestando atenção? Se o problema for a falta de atenção, o ideal é usar estratégias de motivação e engajamento. Instrução explícita e abordagem multissensorial já são práticas pedagógicas baseadas em evidência e consideradas essenciais para que este processo ocorra. Jogos também podem ser utilizados como um recurso para consolidação de aprendizagem. Mas, por precaução, caso os problemas causem prejuízo crônico, recomendo a avaliação de um especialista em neuropediatria ou psicopedagogia para descartar qualquer problema de transtorno específico de aprendizagem, como dislexia e discalculia.

De que maneira ajudar a criança a interpretar o que está lendo?

Uma alternativa é ler para a criança e com a criança, método conhecido também por leitura compartilhada. A família pode dedicar um horário específico do dia para essa atividade, de modo que, com o tempo, se torne um hábito. Nesses momentos, aproveite para fazer perguntas sobre o que foi lido de maneira espontânea, questionando, por exemplo, o nome dos personagens, onde se passa a história, de qual parte ela mais gostou etc.

É normal as crianças escreverem algumas letras ao contrário?

A escrita espelhada é parte do início da alfabetização, sobretudo com as letras mais parecidas (como "b" e "p"). Isso ocorre porque a área utilizada para reconhecer faces e objetos, cuja lateralidade não interfere na identificação, será "reciclada" para reconhecer as letras do alfabeto na primeira fase da escrita, como vimos anteriormente.[115] À medida que o cérebro faz tal adaptação, a tendência é que o "erro" desapareça naturalmente. Logo, não é motivo de preocupação a longo prazo. Entre as intervenções realizadas para corrigir o hábito estão: ajudar a criança a desenhar as letras que costumam confundi-la, direcionar o sentido delas com setas e escrever as letras por cima do pontilhado.

Posso ensinar meu filho a escrever o próprio nome?

Já incluí esse exemplo anteriormente no livro quando falamos de mediação, mas o repito aqui porque é uma dúvida bastante comum, pois os pais sabem que não devem pressionar a criança a ler antes de ela estar apta do ponto de vista desenvolvimental. Não custa lembrar, então: tudo bem ensinar a criança a escrever o próprio nome, principalmente se a vontade partir dela. No entanto, lembre-se de que é uma brincadeira, e não um exercício formal. Por isso "pratiquem" de maneira lúdica e sem exigências.

Posso corrigir os erros ortográficos do meu filho que está sendo alfabetizado?

Exercícios de desenho e escrita – aprender a escrever o próprio nome, escrever a lista do supermercado e cartões de aniversário, escrever uma palavra e fazer um desenho relacionado ao seu significado – devem ser estimulados desde cedo. As correções ortográficas, entretanto, só devem ser aplicadas a partir dos 6 anos, tendo em mente que isso não é o mais importante nessa fase. Sendo assim, nada de repreender a criança diante dos erros para não inibi-la a tentar mais uma vez.

---

115. HOW the Brain Learns to Read – Prof. Stanislas Dehaene. Vídeo (33 min). Publicado pelo canal WISE Channel. Disponível em: https://www.youtube.com/watch?v=25GI3-kiLdo. Acesso em: 29 jul. 2023.

Meu filho fica nervoso na hora de fazer a lição. O que fazer para que ele não desista?

A neurociência mostra que as emoções são um componente essencial na aprendizagem: quando o conteúdo é significativo, ou seja, faz sentido para o aluno, e motivador, maiores as chances de serem armazenados no cérebro como memória de longo prazo.[116] Sendo assim, vale investir em atividades lúdicas com potencial engajador. A metodologia também deve ser adequada à idade, porque erros em excesso podem desanimá-lo.

A escola do meu filho utiliza o método silábico, e agora?

Essa metodologia, em que a sílaba é a unidade linguística fundamental, é predominante na maioria das escolas do país, mas isso não impede que os pais incentivem a criança com atividades que visam ao desenvolvimento da consciência fonológica, entre outras competências enfatizadas pela abordagem fônica (confira dicas na pergunta sobre juntar letras). Pois, além de conhecer as letras do alfabeto, seu filho tem de saber o som delas para compreender os fonemas e as sílabas. Por isso, atividades da abordagem fônica podem facilitar a alfabetização pelo método silábico.

Existe idade certa para a criança aprender a ler?

A afirmação "cada criança tem o seu tempo" está equivocada, quando o assunto é alfabetização. Existe uma janela de oportunidade para a leitura, ou seja, um período em que o cérebro está mais apto a esse

---

116. MORESCHI, M. dos S. M.; BARRERA, S. D. Programa multissensorial/fônico: efeitos em pré-escolares em risco de apresentarem dificuldades de alfabetização. **Psico**, Porto Alegre, v. 48, n. 1, p. 70-80, 2017. Disponível em: http://pepsic.bvsalud.org/scielo.php?script=sci_arttext&pid=S0103-53712017000100008&lng=pt&nrm=iso. Acesso em: 29 jul. 2023.

132 ALFABETIZAÇÃO: POR ONDE COMEÇAR

tipo de aprendizado – no caso da alfabetização, está relacionado ao córtex occipitotemporal, onde se encontra a área do reconhecimento visual das palavras. Isso ocorre entre 5 e 8 anos, de acordo com uma pesquisa da Universidade da Califórnia, nos Estados Unidos.[117] Pela mesma razão, forçar a alfabetização de uma criança aos 3 anos não dá certo e na vida adulta torna-se uma tarefa mais difícil.

Ao aprofundar seu conhecimento sobre a aprendizagem da leitura e da escrita, não significa que os pais vão substituir os professores nesta missão. O objetivo deste capítulo foi ressaltar a parceria entre ambos pelo bem dos alunos. De um lado, a família deve confiar na escola e se dispor a fazer o que está a seu alcance para ajudar. Ela tem o direito de apontar possíveis falhas, mas deve fazê-lo de maneira construtiva, a fim de não interferir na credibilidade dos educadores. A escola, por sua vez, precisa ter paciência com os pais e acolher seus anseios, lembrando-se de que o ensino passou por muitas mudanças nas últimas décadas. Desse modo, a maioria dos adultos desconhece as metodologias e as abordagens alfabetizadoras da atualidade. O mais importante, porém, é ter em mente que juntos somos mais fortes.

---

117. MYERS, C. A. *et al. op. cit.*

PARA SABER MAIS

Veja como e por que a ESTIMULAÇÃO MULTISSENSORIAL faz a diferença na alfabetização em casa e na escola.

Em primeiro lugar, vale esclarecer o conceito de estimulação multissensorial: trata-se de um tipo de abordagem que combina diferentes modalidades sensoriais no ensino da linguagem escrita às crianças. Assim, facilita a leitura e a escrita ao estabelecer a conexão entre aspectos visuais (a forma ortográfica da letra ou da palavra), aspectos auditivos (a forma fonológica), aspectos táteis e cinestésicos da grafia (os movimentos necessários para escrever letras e palavras) e aspectos cinestésicos da articulação (os movimentos e as posições necessárias para pronunciar sons e palavras), favorecendo, de modo geral, a memória de longo prazo. Por isso, a estimulação multissensorial costuma ser utilizada como complementar à alfabetização, sobretudo à abordagem fônica.

    Uma pesquisa realizada pela Universidade de São Paulo, em Ribeirão Preto (SP), aplicou um programa de intervenção com atividades multissensoriais – com letras manuseáveis em diversas texturas, espelho para a visualização dos movimentos fonoarticulatórios e atividades escritas com alfabeto móvel e imagens manuseáveis de animais e objetos – aliado à concepção fônica para o desenvolvimento da consciência fonológica e o conhecimento alfabético em uma escola de Ensino Infantil da rede pública.

    Os resultados da pesquisa, que incluiu crianças de 5 anos e meio, mostraram efeitos positivos na intervenção multissensorial e fônica sobre as habilidades de consciência fonológica, conhecimento de letras e habilidades iniciais de leitura e escrita de pré-escolares, principalmente no caso das crianças que apresentaram repertório inicial mais limitado, ou seja, entre aquelas com maior risco de apresentar dificuldades para aprender a ler e a escrever.

Fontes: SEABRA, A. G.; DIAS, N. M. *op. cit.*

MORESCHI, M. dos S. M.; BARRERA, S. D. *op. cit.*

Por uma alfabetização de resultados

À medida que as pesquisas sobre o ensino e a aprendizagem da leitura e da escrita cresceram no mundo inteiro a partir dos anos 1990, impulsionadas por relatórios governamentais e por avanços na neurociência, a educação baseada em evidências (EBE) tornou-se o principal componente de uma alfabetização de resultados. Desde então, criar e implementar programas com base em estudos na área passou a ser comum em diversos países com o intuito de promover melhorias nos sistemas educacionais.

Em 1997, a Inglaterra estabeleceu o National Literacy Strategy (Estratégia Nacional de Literacia, em tradução livre, conhecido pela sigla NLS), a fim de aprimorar o desempenho dos alunos das escolas primárias (5 a 11 anos), que teve início por meio da centralização de políticas de alfabetização. Além de ser constantemente atualizado no decorrer dos anos, o NLS recomendava instrução fônica sistemática durante a Educação Infantil para o desenvolvimento de habilidades linguísticas e comunicacionais, a preparação dos educadores com base em evidências científicas sobre o ensino da leitura e da escrita e o ensino explícito e sistemático para o desenvolvimento da consciência fonológica, do princípio alfabético e da decodificação fonológica. Os resultados foram um divisor de águas na alfabetização das crianças inglesas.

De acordo com estatísticas de 1996, aproximadamente 45% dos alunos do 4º ano (9 anos) da Inglaterra apresentavam desempenho aquém do esperado em leitura. Os índices também eram inferiores a médias internacionais. Com a implantação do NLS, melhores resultados começaram a surgir alguns anos depois. Não só o percentual caiu para 20%, em 2001, como o país alcançou o terceiro lugar no ranking internacional de performance em leitura entre 35 nações avaliadas.

A França também criou um órgão governamental para analisar as práticas pedagógicas e os dados científicos relacionados à alfabetização na mesma época – o Observatório Nacional da Leitura (ONL). Mesmo após sua extinção, em 2011, iniciativas posteriores mantiveram o desenvolvimento da consciência fonológica, do princípio alfabético e do vocabulário, entre outras capacidades, como pré-requisitos para o ensino da leitura e da escrita. Nos dias de hoje, os estudos da área são liderados principalmente pelo Collège de France e pelo Conseil Scientifique de L'Éducation Nationale (órgão consultivo da educação nacional francesa), instituições que têm como professor e presidente ninguém menos que o neurocientista Stanislas Dehaene.

Por fim, os Estados Unidos completam a lista dos pioneiros na divulgação de pesquisas científicas sobre a alfabetização nas últimas décadas, que inspiraram países como o Brasil. Houve um esforço de toda a sociedade estadunidense para incorporar a ciência cognitiva da leitura a suas políticas de alfabetização. Entre 1992 e 2017, os resultados do National Assessment Report Card (NAEP), que mede o desempenho escolar dos alunos daquele país em diferentes disciplinas, mostraram um avanço significativo na escala de proficiência de leitura tanto nos grupos de mais baixa quanto nos de mais alta performance. No caso dos alunos do 4º ano (equivalente ao nosso 5º ano), o aumento foi de seis pontos, ao passo que entre os alunos do 8º ano (equivalente ao nosso 9º ano), sete pontos.

Esses três casos emblemáticos de países que, apoiados na EBE, conseguiram transformar a realidade da alfabetização de suas crianças ganharam destaque no relatório "Alfabetização infantil: os novos caminhos".[118] Realizado por um grupo de especialistas no assunto, tanto da comunidade científica nacional quanto da internacional, o documento faz uma análise da situação brasileira, com propostas para avançar o debate. Uma de suas (tristes) conclusões é que a discussão precisa sair do papel com urgência, do contrário corremos o risco de perpetuar os equívocos das últimas décadas. Mas e se eu lhe contar que já existem exemplos inspiradores por aqui também?

Boas práticas

"Na educação, o Brasil tem muito o que aprender com o Brasil." Esse é o sugestivo título do artigo publicado pela ONG Todos pela Educação, no jornal *Folha de S. Paulo* recentemente.[119] Logo de início, a reportagem reconhece os enormes desafios do setor no país, os quais pioraram com a pandemia de covid-19; no entanto, ela enfatiza que se menosprezarmos os progressos, perderemos a oportunidade de escalonar para todo o país o patamar mais elevado de aprendizagem, realidade em algumas cidades e estados.

Com isso em mente, a organização fez um mapeamento de políticas públicas de sucesso em oito redes de ensino do país, com o intuito de entender e registrar os fatores que estão por trás dos resultados positivos dessas instituições. Por meio de entrevistas (com equipes das secretarias de educação, diretores de escola, professores e alunos), estudos documentais e análise de dados, foram listados os principais pontos em comum nessas experiências exitosas, como o comprometimento de lideranças políticas, a continuidade com aperfeiçoamento

---

118. OLIVEIRA, J. B. A. (org.). *op. cit.*

119. CRUZ, P.; GONTIJO, I. Na educação, o Brasil tem muito o que aprender com o Brasil. **Folha de S.Paulo**, 18 jul. 2022. Disponível em: https://www1.folha.uol.com.br/cotidiano/2022/07/na-educacao-o-brasil-tem-muito-o-que-aprender-com-o-brasil.shtml. Acesso em: 29 jul. 2023.

dos programas bem-sucedidos e, o mais importante, o aprendizado com base em evidências.

Entre as redes de ensino mapeadas estão cinco municipais (Coruripe-AL, Londrina-PR, São Paulo-SP, Sobral-CE e Teresina-PI) e três estaduais (Ceará, Espírito Santo e Pernambuco). O levantamento destaca diferentes programas educacionais e políticas públicas, que vão desde o ensino integral à redução da fila de espera em creches. Entretanto, o que gostaria de ressaltar aqui é o caso de Sobral, no Ceará, cidade que ocupa as primeiras posições no Índice de Desenvolvimento da Educação Básica (Ideb), tanto nos anos iniciais e finais do Ensino Fundamental como nos do Médio,[120] entre os municípios com mais de 100 mil habitantes.

Marcada por questões como alta distorção idade-série, abandono escolar e analfabetismo, a história do município que hoje é referência em educação no país começou a mudar no início dos anos 2000. Na época, seu programa de alfabetização deu tão certo que inspirou a criação, em âmbito estadual, do Programa Alfabetização na Idade Certa (Paic) em 2007 e, posteriormente, do Paic +5 e do Mais Paic.[121] Hoje, 86% das crianças cearenses se encontram alfabetizadas ao final do 2º ano, visto que, em 2007, eram apenas 39,9%. Paralelamente, uma série de boas práticas, que inclui formação continuada dos professores e processos seletivos rigorosos para o cargo de gestor escolar, também se encontra no conjunto de ações educacionais implementadas nos últimos 20 anos.

---

120. EDUCAÇÃO que dá certo – Sobral: Exemplos de gestão escolar. 2022. Vídeo (24 min). Publicado pelo canal Secretaria da Educação de Sobral. Disponível em: https://www.youtube.com/watch?v=5WWQJ9VKI7g. Acesso em: 29 jul. 2023.

121. BECSKEHAZY, I. **Institucionalização do direito à educação de qualidade**: o caso de Sobral, CE. 2018. Tese (Doutorado em Educação) – Universidade de São Paulo, São Paulo, 2018. Disponível em: https://www.teses.usp.br/teses/disponiveis/48/48134/tde-04122018-175052/pt-br.php. Acesso em: 29 jul. 2023.

Conclui-se que conhecer o Brasil que dá certo muda a perspectiva derrotista da educação, além de confirmar que temos tudo para estender por todo o território nacional as transformações de que a educação brasileira tanto precisa. Esse tipo de mapeamento serve não apenas para nortear governantes e gestores como também para confirmar que a EBE é o alicerce para um dos maiores desafios educacionais da atualidade: a alfabetização de nossas crianças. Sou testemunha de que essa revolução já começou.

"Não podemos desistir delas"

Em 2020, a pedagoga e psicomotricista Aniele Priscila Orlando, de Mococa (SP), decidiu usar o dinheiro que havia guardado para suas férias para se inscrever no programa de leitura, escrita, interpretação e aprendizagem da NeuroSaber, o Proleia. Direcionado a pais, professores e demais mediadores da alfabetização, o material foi desenvolvido com base em pesquisas pautadas em evidências científicas, assim como os demais da NeuroSaber.

Aniele era ex-aluna do Instituto NeuroSaber e já havia cursado o PercepSom, programa de atividades para estimular a consciência fonológica, e o Numera&Cia, voltado ao desenvolvimento das habilidades básicas de raciocínio lógico e matemática. Contudo, no início daquele ano, quando se deparou com uma turma de alunos do 5º ano em que a maioria das crianças não sabia ler com fluência, soube que precisava agir. "A realidade das escolas é dura, muitas vezes queremos fazer a diferença, mas não sabemos por onde começar porque a faculdade não nos prepara para isso", concluiu.

A pedagoga começou a atender crianças com dificuldade de aprendizagem em sua clínica e logo colheu os frutos. "O que me motivava eram os progressos dos pacientes, ainda que devagar. Geralmente, essas crianças são deixadas para trás na escola, mas não podemos desistir delas", disse. Em dois anos, os atendimentos cresceram, e Aniele ajudou a alfabetizar dezenas de crianças – e contando.

"Temos tudo para estender por todo o território nacional as transformações de que a educação brasileira tanto precisa."

@lubritesoficial

Atualmente, ela também ministra cursos para capacitar professores-alfabetizadores.

Ao longo dos últimos anos, ouvi inúmeros depoimentos semelhantes ao de Aniele, vindos de todas as regiões do país. A professora alfabetizadora Érika Samantha Silva, de Ituiutaba (MG), está entre as que dividiu sua experiência no Instituto NeuroSaber recentemente. Ela contou que, de modo geral, as crianças que chegam até ela, no 1º ano, já conhecem o alfabeto, mas, com a pandemia, ela sabia que encontraria alunos que possivelmente não teriam adquirido as habilidades preditoras necessárias para serem alfabetizadas, por terem ficado tanto tempo longe da escola.

Por essa razão, ela decidiu usar as atividades do Proleia para complementar o processo de alfabetização. "Na minha escola, já utilizamos a abordagem fônica. Com esse apoio, obtive resultados positivos em menos de dois meses. Crianças que não sabiam as vogais nem juntar os encontros vocálicos já estavam lendo as primeiras palavras nesse intervalo. É gratificante acompanhar o progresso dos alunos em tão pouco tempo", declarou.

Compartilhei com vocês esses casos reais não para fazer propaganda dos cursos e dos programas educacionais que desenvolvemos na NeuroSaber ao longo de quase uma década – eles já são um sucesso por si só, graças ao meu trabalho e ao da minha equipe –, mas para encorajar os mediadores, mostrando que a alfabetização baseada em evidências apresenta ótimos índices na prática, seja com a Aniele, com a Érika ou com a Luciana.

O educador do futuro

A essa altura, estou certa de que você concorda que não é coincidência o aprendizado com base em evidências ser um dos pilares de uma educação de qualidade. Para que ele seja incorporado às metodologias e às práticas do cotidiano, entretanto, toda a comunidade escolar (incluindo a família) tem de se unir em prol desse objetivo.

Ao longo deste capítulo, vimos histórias que nos motivam a lutar por uma alfabetização que promova a equidade. Usei a palavra "equidade" no lugar de "igualdade" porque, embora pareçam, não são sinônimas. Igualdade significa tornar as coisas iguais, ao passo que equidade é dar mais para quem precisa mais, em busca de equilíbrio entre os desiguais.[122] Na educação, isso implica ficar a par dos diferentes contextos dos alunos, tanto em casa quanto na sala de aula, como etnia, classe social, religião, identidade de gênero e orientação sexual, só para citar alguns.

A aquisição da leitura e da escrita é um marco importante na vida das crianças, por isso, todos nos lembramos de quem nos alfabetizou. Essas lembranças, por sua vez, podem ser boas ou ruins. Não é à toa que costumam ser um dos principais motivos pelos quais as crianças são encaminhadas para clínicas especializadas. O pico de atendimentos costuma acontecer em outubro, qualquer psicopedagogo pode confirmar essa informação. Nessa época, as famílias nos procuram angustiadas com a possibilidade da criança não ser alfabetizada antes do término do ano letivo. Muitas vezes, porém, o diagnóstico por trás da dificuldade de aprendizagem é uma metodologia que não atende às necessidades dos alunos.

Sei que, infelizmente, nem todos os professores, muito menos os pais, têm abertura para questionar ou sugerir novas abordagens aos gestores das escolas. Vejo que isso gera ansiedade entre eles, pois sabem que podem fazer mais e melhor por suas crianças. Mas não podemos deixá-las na mão. Eu busquei o respaldo da neurociência para garantir às famílias que nós estávamos (no plural mesmo, porque se trata de uma parceria) no caminho certo. Com o tempo, os resultados positivos confirmaram minhas teorias e acalmaram o coração dos

---

122. OLIVEIRA, R. Equidade na educação: um assunto para todos – inclusive você. **Porvir**, 21 fev. 2022. Disponível em: https://porvir.org/equidade-na-educacao-um-assunto-para-todos-inclusive-voce/. Acesso em: 29 jul. 2023.

pais. Por isso, acredito que as conquistas sempre vêm para aqueles que estão realmente comprometidos com a causa.

Como disse antes, as principais mudanças começam de baixo para cima, no chão da escola. Somos nós, pais e professores, que conhecemos com profundidade as mazelas que ameaçam a evolução de nossas crianças. Obstáculos que podem ser superados com responsabilidade, estudo e paixão, competências que definem o que chamo de educador do futuro. Elas são fundamentais para abandonar conceitos ultrapassados, entender como o cérebro aprende e lutar por uma educação inclusiva e baseada em evidências, garantindo a todos os alunos, incluindo e, sobretudo, aqueles com dificuldades de aprendizagem, o direito de ser alfabetizado.

Posso contar com você?

PARA SABER MAIS

Como saber se um aluno está de fato alfabetizado?

Uma alfabetização de resultados pode ser mensurada em estatísticas e na capacidade dos alunos de dominar determinadas habilidades, algo que pais e educadores podem observar no cotidiano. Entre essas características estão a apropriação do código linguístico, o domínio do ato de ler e escrever, a capacidade de produzir e interpretar textos e o uso da linguagem para criticar, referir e questionar as mensagens de textos (escritos e falados). De modo geral, um aluno é considerado alfabetizado quando é capaz de ler e escrever de acordo com o contexto, isto é, em situações de uso real da linguagem, o que também costuma ser resumido como ser capaz de fazer uma "leitura do mundo".

Fonte: OLIVEIRA, J. B. A. (org.). *op. cit.*

"Igualdade significa tornar as coisas iguais, ao passo que equidade é dar mais para quem precisa mais."

@lubritesoficial

Alfabetizar para transformar

*"Um livro, uma caneta, uma criança
e um professor podem mudar o mundo."*

MALALA YOUSAFZAI

Inspirada no lendário discurso "Eu tenho um sonho", que o pastor e ativista estadunidense Martin Luther King fez durante a Marcha sobre Washington pelos direitos civis da população negra nos Estados Unidos, em 1963, escrevo aqui algumas palavras sobre o que desejo para a alfabetização de todas as crianças brasileiras. **Eu sonho que...**

1. **... todo aluno seja alfabetizado com afeto e respeito.**
   Não apenas porque eles merecem, mas porque o amor é fundamental para o aprendizado. Uma pesquisa realizada pela Universidade de Washington[123] mostrou que bebês atendidos com carinho por suas mães têm o cérebro com o hipocampo (estrutura ligada ao aprendizado, à memória e à resposta ao estresse) maior por volta dos 6 anos. Faz todo sentido, não é

---

123. LUBY, J. L. *et al.* Maternal Support in Early Childhood Predicts Larger Hippocampal Volumes at School Age. **Proceedings of the National Academy of Sciences Early Edition**, v. 109, n. 8, p. 2854-2859, 2012. Disponível em: https://www.pnas.org/doi/full/10.1073/pnas.1118003109. Acesso em: 29 jul. 2023.

mesmo? Mas o que quer dizer alfabetizar com respeito? Significa prestar atenção à hierarquia envolvida no processo: som, sílaba, palavra, frase e texto. Sem exigir da criança mais do que ela dá conta, além de ter em mente que, para chegar ao último estágio, ela tem de dominar os anteriores.

2. ... educadores, pais e demais cuidadores compreendam os mecanismos cerebrais envolvidos na aprendizagem. Ciência cognitiva da leitura é um conjunto de evidências, oriundas de pesquisas científicas, sobre o que acontece no cérebro durante a leitura e a escrita. Atualmente, é possível observar em tempo real quais áreas do órgão são ativadas enquanto a criança brinca, lê, estuda... Qual é a vantagem de saber tudo isso se nem somos cientistas? Além da curiosidade (afinal quem não quer descobrir o que se passa na cabeça do próprio filho?), podemos otimizar o ensino, empoderar e facilitar o trabalho dos mediadores, ou seja, para saber o que funciona e o que não funciona na hora de alfabetizar, e intervir, se necessário.

3. ... a formação dos professores seja completa e constante. Ouço com frequência de educadores de todo o país que eles não se sentem preparados para alfabetizar ao sair da faculdade. Além do problema inicial teoria × prática, sabemos que é preciso lutar por um currículo mais holístico, que valorize diferentes campos do conhecimento, da filosofia à economia, e por incentivos financeiros para que o profissional tenha condições de se atualizar ao longo de toda a carreira. De acordo com o último Censo da Educação Superior divulgado pelo Ministério da Educação (MEC), o curso de Pedagogia está entre os mais procurados tanto no Sistema de Seleção Unificada (SiSU) quanto no Programa Universidade para Todos

(Prouni).[124] Talvez seja um sinal de que a valorização da profissão esteja crescendo, mas ainda há muito o que avançar em relação à formação e à remuneração.

4. ... as políticas públicas de educação sejam duradouras. Educar é semear com sabedoria e colher com paciência. A frase do professor Augusto Cury é um acalento a pais e mestres, pois sabemos que a missão que nos foi dada não é simples, mas poderia inspirar mais comprometimento entre nossas lideranças políticas. Além de sonhar com redes de ensino imunes a interferências ideológico-partidárias, desejo que um dia todos os governantes compreendam que as políticas públicas de educação devem ser planejadas e implementadas a longo prazo, pois nessa disputa de poder quem paga mais caro são os alunos, sobretudo os mais vulneráveis.

5. ... a educação baseada em evidências (EBE) seja vista como forte aliada da alfabetização, e não como concorrente. Vale lembrar que o uso de práticas comprovadas pela ciência fortalece a igualdade na escola ao unificar métodos e perfis didáticos, o que de forma alguma diminui a atuação do professor alfabetizador. Como acontece em diversas áreas do conhecimento, da Medicina ao Direito, por que não nos apoiamos em pesquisas comprovadas cientificamente para tomar decisões também na educação? Se queremos que a educação brasileira alcance o mesmo patamar que a dos países desenvolvidos, temos de fazer como eles, ou seja, levar a ciência a sério também na sala de aula.

---

124. OS 10 CURSOS mais procurados. **Mundo Vestibular**, 18 set. 2022. Disponível em: https://www.mundovestibular.com.br/blog/os-10-cursos-mais-procurados. Acesso em: 29 jul. 2023.

6. ... a Educação Infantil receba o devido reconhecimento.
Afinal, os primeiros anos de vida são um período de grande crescimento físico, cognitivo e emocional. A fase também é marcada pelas famosas "janelas de oportunidade", ou seja, período propício para o desenvolvimento de determinadas habilidades. É o momento da criança desabrochar, por isso, é chamado de "jardim da infância". De acordo com a Base Nacional Comum Curricular (BNCC), o objetivo da Educação Infantil é ampliar o universo de experiências, conhecimentos e habilidades dessas crianças, diversificando e consolidando novas aprendizagens. Mesmo assim, ainda hoje, os anos que antecedem o Ensino Fundamental tendem a ser considerados menos importantes para o desenvolvimento como um todo. Prova disso é que os investimentos governamentais são inferiores nessa etapa, em comparação ao Ensino Superior.

7. ... a alfabetização seja inclusiva, para que uma criança nunca mais se sinta inferior aos colegas por não saber ler e escrever. A alfabetização é um direito de todas as crianças, típicas ou atípicas. Ao contrário do que muitos acreditam, não é necessária uma metodologia diferente para alfabetizar alunos com transtornos (como Transtorno do Espectro Autista, Transtorno do Déficit de Atenção com Hiperatividade, Transtorno Opositivo Desafiador etc.) ou dificuldade de aprendizagem. Para alguns, é preciso repetir mais vezes, ao passo que para outros é preciso ter mais estímulos sensoriais. Entretanto, desde que recebam os estímulos adequados para desenvolver as competências precursoras da alfabetização e tenham acesso ao ensino explícito e sistemático, com abordagens comprovadamente eficazes, sou testemunha de que conseguem ir longe.

"A alfabetização é um direito de todas as crianças, típicas ou atípicas."

@lubritesoficial

8. **... o nível de leitura das crianças brasileiras cresça a ponto de alcançar as primeiras posições no Programa Internacional de Avaliação de Alunos (Pisa)**, entre outros indicadores. Estou certa de que nossos alunos têm potencial para pontuar tanto quanto os dos países no topo do ranking internacional. Entretanto, não depende somente deles. Segundo análise da Organização para Cooperação e Desenvolvimento Econômico (OCDE), responsável pelo Pisa, os países que se destacam na avaliação têm dois pontos básicos em comum: dedicação à carreira docente e investimento em iniciativas para equiparar escolas e alunos de condições sociais díspares.[125] Em leitura, para você ter ideia, crianças de família de alta renda no Brasil apresentaram média 97 pontos superior que aquelas de baixa renda no Pisa. Equidade é a resposta!

9. **... programas governamentais priorizem a literacia familiar, com a distribuição de livros infantis e a capacitação de pais e mães**, com o intuito de preparar as crianças não só para a alfabetização como também para a vida, uma vez que o desenvolvimento de determinadas competências, como o vocabulário e a consciência fonológica, predizem o sucesso de aprendizagem da leitura e da escrita no futuro. Com o tempo, essa distância entre bons e maus leitores pode se agravar e interferir no desempenho de outras disciplinas,

---

125. OLIVEIRA, E.; MORENO, A. C. Países no topo do PISA dão aos alunos oportunidades iguais e valorizam professores, diz analista da OCDE. G1, 5 dez. 2019. Disponível em: https://g1.globo.com/educacao/noticia/2019/12/05/paises-no-topo-do-pisa-dao-aos-alunos-oportunidades-iguais-e-valorizam-professores-diz-analista-da-ocde.ghtml. Acesso em: 29 jul. 2023.

um fenômeno que ficou conhecido como Efeito Mateus.[126] O termo, uma alusão à parábola bíblica dos talentos do Evangelho de São Mateus, chama a atenção para o papel determinante da família na trajetória escolar, para o bem e para o mal, mas nem todos os pais sabem disso, e a maioria que sabe não tem ideia de que maneira atuar.

10. ... a alfabetização transforme o destino de todas as crianças do Brasil. De todas as vantagens que a escolarização traz, a mais importante é a redução da desigualdade social, pois sabemos que, no Brasil, o ponto de partida não é o mesmo para todos. Como gostam de comparar alguns educadores, primeiro a criança aprende a cambalear, depois a caminhar e, quando o andar se torna automático, a correr. Isso ocorre com a aquisição da leitura e, posteriormente, da escrita. Um universo de possibilidades pode ser conquistado a partir do primeiro – e enorme – passo. Como disse a ativista paquistanesa Malala Yousafzai, militante dos direitos das crianças, "um livro, uma caneta, uma criança e um professor podem mudar o mundo".

O melhor investimento

No filme *Escritores da liberdade*,[127] a professora Erin Gruwell é escolhida para lecionar para uma turma problemática de adolescentes designados por um programa de integração social. Entre eles, crianças

---

126. STANOVICH, K. E. Matthew Effects in Reading: Some Consequences of Individual Differences in the Acquisition of Literacy. **Reading research quarterly**, v. 21, n. 4, p. 360 –407, 1986. Disponível em: https://www.jstor.org/stable/747612. Acesso em: 11 set. 2023.

127. ESCRITORES da liberdade. Direção: Richard LaGravenese. EUA: MTV Films, 2007. Vídeo (122 min).

vítimas de abusos físicos e psicológicos e até membros de gangues condenados por delitos. Uma das medidas adotadas pela educadora, contrariando os gestores da escola, foi incentivar os alunos a escrever suas emoções em diários (daí o nome do filme). Baseado em história real, o filme tornou-se um grande sucesso entre professores e já foi tema de estudos em faculdades de educação,[128] por mostrar a importância da base familiar e o poder transformador da educação.

Em uma discussão com um dos gestores, Erin resume a mensagem central da narrativa: "Quando estiverem defendendo um garoto no tribunal, a batalha já foi perdida. Acho que a verdadeira batalha tem de começar aqui, na sala de aula", diz. Não vou entrar em mais detalhes para não dar spoilers, mas, independentemente de já ter visto o filme ou não, você vai concordar que uma das armas mais poderosas para vencer essa guerra em prol de nossas crianças é a alfabetização.

O filme retrata um cenário distante do Brasil em termos geográficos, mas apresenta muitas semelhanças quanto ao cenário educacional. Imagino que muitos colegas professores já devem ter recebido alunos desajustados em suas classes, nem sempre com um final feliz. A associação entre crime e falta de educação – seja em casa, seja na escola – é um problema mundial. De acordo com o Conselho Nacional de Justiça, 8% dos presos no país são analfabetos, 70% não concluíram o Ensino Fundamental e 92% não terminaram o Ensino Médio. Isso me leva a questionar: quantas dessas pessoas não abandonaram a escola por não terem aprendido a ler e a escrever?

Por isso, temos de começar cedo – a alfabetização tem início bem antes de a criança pegar no lápis. Se você achou esse exemplo um tanto alarmista, saiba que existem inúmeros estudos que mostram o

---

128. SOUZA, F. dos A. Um ensaio sociológico a respeito do filme "Escritores da liberdade". **Horizontes – Revista de Educação**, Dourados, v. 1, n. 1, p. 121-133, 2013. Disponível em: https://ojs.ufgd.edu.br/index.php/horizontes/article/view/1821. Acesso em: 29 jul. 2023.

quanto os investimentos na primeira infância (0 a 6 anos) vão fazer diferença lá na frente, influenciando diferentes aspectos da trajetória do indivíduo. Um dos primeiros estudos a mensurar a relação da atenção à infância ao crescimento econômico foi publicado nos anos 2000 por James Heckman, vencedor do Prêmio Nobel de Economia. O cientista observou que para cada 1 dólar investido na primeira infância, o retorno seria de 7 dólares no futuro, considerando o aumento da escolaridade e do desempenho profissional e a redução dos gastos com o sistema penal. Atualmente, a fórmula é conhecida no mundo inteiro como Equação Heckman. Veja bem: nem os melhores investimentos do mercado financeiro rendem tanto!

Entrelaçando os fios

Ao longo deste livro, você aprendeu que alfabetizar significa ensinar a ler e a escrever de acordo com um sistema alfabético; segundo a neurocientista estadunidense Maryanne Wolf, professora da Universidade da Califórnia em Los Angeles e autora de diversos livros sobre o assunto, "é uma das maiores invenções da espécie humana".[129] Isso porque, ao contrário da linguagem, da visão e da cognição, os humanos não são programados geneticamente para aprender a ler. Não é um fenômeno natural, e sim um aprendizado que se dá por meio da aquisição de um código simbólico. Por essa razão, podemos concluir que o sucesso da alfabetização está atrelado ao ensino explícito e sistemático da leitura e da escrita.

Além disso, embora seja quase impossível imaginar como seria nossa vida sem a possibilidade de nos comunicarmos dessa forma, trata-se de uma criação recente na história da humanidade. "É uma piscadela em nosso relógio evolutivo: mal tem 6 mil anos", completa

---

129. O QUE é a leitura profunda e por que ela faz bem ao cérebro. **BBC News Brasil**, 1 nov. 2021. Disponível em: https://www.bbc.com/portuguese/geral-59121175. Acesso em: 29 jul. 2023.

Wolf. Mais recente ainda são as descobertas relacionadas às mudanças estruturais provocadas no cérebro pela alfabetização. A partir dos anos 1990, novas tecnologias, como exames de ressonância magnética e tomografias, também confirmaram algumas teorias – e derrubaram outras – em relação à maneira como o cérebro aprende.

Entre as descobertas mais interessantes está o fato de que o processamento dos sons e das imagens está interligado no cérebro. Nesse novo contexto, a abordagem fônica favorece o aprendizado da leitura e da escrita, uma vez que prioriza a associação de sons e letras. Não é por acaso, portanto, que diversos países optaram por alfabetizar as crianças por meio dessa metodologia. Outro ponto a seu favor está no alfabeto em si, cuja base fonêmica (em que cada letra representa um som) também facilita a decodificação.

É claro que o domínio da decodificação (leitura) e da codificação (escrita) do alfabeto é apenas um dos primeiros degraus para a criança alcançar todo o potencial. Assim como descrito por Scarborough, a leitura hábil, ou seja, a execução fluente e a coordenação entre o reconhecimento das palavras e a compreensão dos textos, é resultado de inúmeras habilidades que se entrelaçam como fios de uma corda. A boa notícia é que, com novo olhar sobre a alfabetização, você poderá ajudar a criança a chegar lá com mais tranquilidade – e talvez ainda se descubra um ótimo trançador, como já vi acontecer com inúmeros pais e professores.

Assim como a fala poderosa de Martin Luther King inspirou não só a população negra mas também todo o povo estadunidense a se unir em torno de uma causa que trouxe benefícios para toda a sociedade, espero que este livro tenha contribuído para cultivar uma semente de esperança no coração daqueles que sonham com um futuro em que nossas crianças tenham o direito de aprender a ler e de ler para aprender.

"Que a semente de esperança seja cultivada no coração daqueles que sonham com um futuro em que nossas crianças tenham o direito de aprender a ler e de ler para aprender."

@lubritesoficial

MÃO NA MASSA
Práticas alfabetizadoras baseadas em neurociência

Na jornada da alfabetização, cada passo é um marco no desenvolvimento cognitivo e linguístico da criança. Em um mundo em constante evolução tecnológica, é essencial que os processos educativos se adaptem e integrem novas ferramentas que atendam às necessidades e curiosidades dos pequenos aprendizes. Este livro foi pensado exatamente nisso: em unir os fundamentos da alfabetização com as inovações do nosso tempo.

Ao longo das páginas, não apenas introduziremos os pilares da leitura e escrita, mas também ofereceremos uma série de atividades práticas, acessíveis através da leitura do código QR a seguir. Esta abordagem moderna visa proporcionar uma experiência de aprendizagem dinâmica e interativa, permitindo que a criança explore o mundo das letras enquanto se familiariza com as tecnologias digitais que são parte integrante da sociedade contemporânea. Seja bem-vindo a esta aventura alfabética no universo digital!

Sabemos por todo o decorrer do livro que mais do que atividades práticas precisamos entender como essas atividades funcionam. Este foi o objetivo deste livro e, agora, neste capítulo interativo, quero compartilhar com vocês práticas importantíssimas para o processo de alfabetização. Aponte a câmera do seu celular para este QR Code e tenha acesso a atividades práticas complementares a esta leitura!

Este livro foi impresso em polén bold 70g
pela Gráfica Bartira em fevereiro de 2024.